U0825517

曾经少年时

上海中学校长特写

郑伟平 著

上海远东出版社

图书在版编目(CIP)数据

曾经少年时：上海中学校长特写/郑伟平著.—上海：上海远东出版社，2017
ISBN 978-7-5476-1286-6

Ⅰ.①曾…　Ⅱ.①郑…　Ⅲ.①中学—校长—生平事迹—上海
Ⅳ.①K825.46

中国版本图书馆 CIP 数据核字(2017)第 114616 号

曾经少年时
——上海中学校长特写
郑伟平　著
策　　划/黄政一
责任编辑/徐婧华　封面设计/张晶灵　封底文字/姚红　封面题签/郑伟平

出版：上海世纪出版股份有限公司远东出版社
地址：中国上海市钦州南路 81 号
邮编：200235
网址：www.ydbook.com
发行：新华书店　上海远东出版社
　　　上海世纪出版股份有限公司发行中心
制版：南京前锦排版服务有限公司
印刷：上海市印刷二厂有限公司
装订：上海市印刷二厂有限公司

开本：890×1240　1/32　印张：9　插页：2　字数：202 千字
2017 年 7 月第 1 版　2017 年 7 月第 1 次印刷
印数：1—1800 册

ISBN 978-7-5476-1286-6/I·330
定价：49.00 元

版权所有　盗版必究（举报电话：62347733）
如发生质量问题，读者可向工厂调换。
零售、邮购电话：021-62347733-8538

自　序

人生在世，从宏观讲，是如何面对这一生；从微观讲，是如何过好每一天。这个问题，既是历史的，又是现实的；既是当下的，又是未来的。认识这个问题，有的人在少年时代，有的人在青年时代，有的人在中年时代，有的人在老年时代。因人而异。

《曾经少年时》写什么？写上海中学校长的求学生涯和最初经历。少年时代，对人的一生影响深远。人们以后所走的道路，常常起步于此，往往不知不觉。

初始混沌，何日开蒙？九十位校长的求学故事，各各不同。他们早慧而成熟的经历，既有少年时代的因缘际会，也有回首往事的一往情深。还能久留在他们心灵深处的，是历经了岁月的沧桑而沉淀下来的结晶。

校长都有当教师的经历，和所有的知识分子一样，他们处世谦慎，治学严谨；当了校长后，也不例外。追溯校长当年求学的岁月，意义将如何呢？定期专门探索，矿藏极为丰富，却在无人着意处。

少年求学，志趣相投。有多少学子，竟能够无忧无虑？少之又少啊！学子求学，犹如负笈远行，肩荷重担。道路长漫漫，行程远遥遥。请看校长当年是如何克服困难、努力前行的，个中的风采，回味再三，可矣！

鲜为人知的故事，弥足珍贵；推敲提炼的过程，适宜剪裁。晤谈以用心，交流而怀恩。针凿厚衣服之实，笔墨健文字之朗。佳句好神明之奇，妙语壮仙境之阔。构思幽曲径之深，立意旷篇章之远。百感思一理，千虑梦一得。

天不言而降生甘霖，地无语则承载万物。寒来暑往，悠悠十年；岁月匆匆，文章九十。

暮春初夏之际，晨光熹微之时，群鸟争欢，雀雀然鸣声不已。新的一天，又开始了。

郑伟平

二〇一七年立夏前

目录 Contents

2007

2008

2009

2010

2011

2012

2013

2014

2005年
2006年
2007年
2008年
2009年
2010年
2011年
2012年
2013年
2014年

陆振权

一张素描勾画了我的未来

上海市田园高级中学，位于闵行区颛桥地区。这是一所崭新的学校。二楼的校长办公室里，挂着校长陆振权创作的油画。

陆振权，崇明人，一九八五年毕业于崇明港西中学。三年的初中，他读过两所中学：春晖中学和港西中学。港西中学是港西镇上的“中心”中学。就读春晖中学时，他的学习成绩总是班上第一。转学到港西中学后，他第一次考试成绩是班上第十七名，为此，老师安慰他、鼓励他；他第二次考试成绩是第十一名，同桌第九名，他下决心要超过同桌；他第三次考到第七名。杨英老先生教语文，他教《岳阳楼记》，书背得极熟，课讲到得意处，会远望窗外，沉思良久。吴永元老师教数学，黑板稍不干净，他

陆振权

必定擦干净后才上课；他的板书、作图规范美观，批好的作业簿整齐如刀切。学生们寄宿于教师宿舍，陆振权的垫被还是吴老师提供的。

初三虽紧张，同学们课后照样赛球，比俯卧撑；宿舍的脸盆里盛满了水，比谁闷气长。晚上复习，遇难题共同讨论，有人会做了，其他同学问懂后重新再做。港西中学这届学生，考取崇明师范和重点中学的人数为历届之最。

当时的崇明师范，取分比县重点崇明中学高，因为户口可以农转非。同桌邀陆振权陪他考中师，他不想去，但还是去了。当拿到崇明师范录取通知书后，他感慨万分。考生回母校，杨英老先生环视学生后说："你们这些人中，陆振权将来是可以当小学校长的。"

崇明师范占地百亩，门前有一望无际的农田，后面是奔腾不息的大河，两边沟长渠深。学生在校就读，一年级练毛笔字，二年级练钢笔字，三年级练粉笔字；还有弹琴、视唱以及每晚三分钟的演讲等。

学校办兴趣小组，陆振权报名参加书法组。《解放日报》（市郊版）的《中学生读写》栏目用书法作刊头，他的投稿被录用了。想不到，一张素描勾画了他的未来。美术课上，老师让学生临摹静物足球和手榴弹。后来，老师当众表扬了他画的素描。他坐在下面，远远望去，一定的距离产生了新奇的效果。"咦，想不到我能画得这么好啊！"于是，他去报名参加美术组。学校规定：每人只能参加一个兴趣小组。见他态度坚决，美术组破例吸收了他。崇明师范这届毕业生中，他是唯一一名考取师专美术班的学生。

一九九四年七月十七日，陆振权进七宝中学担任美术教师。二〇〇四年七月二日，他调离七宝中学，担任田园高级中学校长。

校长格言

求真、向善、爱美，人生一定圆满、幸福！

钱　涛

老师教会我阅读社会人生

钱涛，是校长，是作家。他刚卸任位育中学副校长，新任上海东方世纪学校高中部校长。先后出版《六月风》《大野》等诗集六种。他步入文学殿堂的行程，始于求学时代。

钱涛的父亲是小学教师，母亲没工作。一家六口，四个孩子中，他是长兄。他读过四所小学，因缴不起泾德小学每学期二十七元的学费，转学到每学期三元学费的古北一小。早餐吃"泡米饭"，这是他母亲的发明。每晚抓一把米，把它泡在热水瓶里，让他第二天吃。米少了，饭稀，吃不饱；米多了，粥稠，倒不出。转学后，他每天上学要多走五六公里路，与越来越远的蜿蜒小径和越来越浓的乡村景色融合在一起。路边，有天原化工厂、马场和低矮的

钱 涛

村落，兔、马、牛、羊随处可见。遇到刮风下雨，他个子小，伞都撑不住。直到他父亲调到华漕中心小学担任教导主任，他才跟着转学。

父亲每月给他五角零花钱。《少年文艺》单本定价一角七分。从市区到农村，《少年文艺》陪伴他度过了无数个黄昏。天黑了，他不知道；眼睛近视了，他也不知道。

班主任周量才老师教语文，经常在课上讲起鲁迅、朱自清的作品。不少学生看过长篇小说《水浒传》《三国演义》，钱涛也是其中之一。小学五年级，他的作文《养兔》获奖了，奖品是周老师从区里带回来的两本薄薄的小书《后羿射日》和《嫦娥奔月》。有一次，父亲陪他到上海去配眼镜，路遇周老师。周老师说："小小年纪眼睛就四五百度，以后看书要当心啊！"不到一年，一个没有月光的晚上，在教室前的那片林子边，划为"右派"的周老师被人带走了，钱涛怅然若失。

一九五七年秋，钱涛考取华漕中学，成为该校首届初中生。有一天，语文老师陈吾行将一本圈满各类符号的语法书塞给钱涛，说他因历史问题被遣送回乡。陈老先生说着说着，话语哽咽，钱涛也流泪了。

一九六〇年，钱涛考取选址在莘庄镇附近、减免学费的上海师范学校，成为该校首届高中生。学校办了不久，因“国家三年困难时期”的缘故，师范生转入莘庄中学。语文老师贺善崧是上海县的名教师，身高一米七五左右，脸白皙，头谢顶，目如炬，声若钟，行不旁视，神彩飞扬。他对钱涛作文的评语是：“善于写长句，有文采，有潜力。”

前不久，钱涛撰文《轨迹》，怀念这三位语文老师，文中细述：“是我的老师，教会我阅读作家作品，教会我阅读社会人生，使我从知识的贫瘠漠野间跋涉而出，从生命的羸弱稚嫩里坚定人生……”

校长格言

我的教育理想是：让所有学生都能走向不同层面的成功。

许　榕

请到校长室里的临别赠言

许榕，一九六五年高中毕业于嘉定一中，现为该校校长。当年，老师送给他“临别赠言”；现在，他赠言给一届又一届高中毕业生。

许榕在嘉定县城里的启良中学就读初中。初三那年，他担任班长。一九六三年他初中毕业，考取嘉定一中。这之前，他认识了初中语文老师侯允才。翻着侯老师批改的作文簿：佳句有圈点，单页有眉批，文尾有小结；字无涂改，笔迹工整。这之前，他学会了游泳。夏天在嘉定北城河里游泳，有人骗他：“这里水不深，你过来！”许榕过去了，双脚悬空，水深不见底。那人顺势在他背上一推，他第一次奋力地游，游向浅滩。这之前，他打乒乓球已是全县同龄人中的佼佼者。许家三兄弟，许榕的两

许　榕

个弟弟中，竟有县队的主力。

许榕在嘉定一中就读高一时，经同学民主选举，被选为班长。班主任浦老师只管班风这件事，其他事均由学生自理。比如政治学习，劳动安排，表演节目，出黑板报等。有一次排演唱，识谱的文娱委员一拖再拖。演出日期逼近了，许榕马上学简谱，识谱后完成了这台节目。事后他与文娱委员相遇，彼此一笑了之。

陆慰萱是嘉定名师，高三语文由他执教。有一次讲李白的诗《蜀道难》。陆老师说："《蜀道难》很长，有些字现在不常用，你们肯定背不出来，更不用说默写了。"五天后，许榕拿着书和笔走进办公室。陆老师见状，笑着对许榕说："我相信你能够默写出来，你就不要默了。"

高中毕业考，班级中七八个同学物理不及格。老师请许榕为这些同学补课。同学问,许榕答。补课的同学补考全部及格。许榕也没有再复习物理,而高考物理试卷上的附加题他都能做出来。

许榕深知高考的结果:当时考大学要政审,他终因家庭出身问题,大学不能录取他。

当年,嘉定一中请许榕留校代课,没有成功;他报名到新疆去工作,也没有成功。第二年,他再次报名到新疆去工作。临行前,浦老师送给他一本笔记本,里面夹着一张图案是一面党旗的小书签。这是浦老师的"临别赠言",许榕带着它,踏上了西去的列车。

从一九六六年到一九七九年,许榕在新疆柴窝堡林场工作。之后他因顶替母亲工作才返沪。浦老师得知此事,对许榕说:"你不应该在非教育单位工作。"许榕这才重回母校嘉定一中,担任数学教师。

许榕担任校长后,他对每届毕业生说:"你们要严肃地对待生活。"而对具有特殊才能的毕业生,他就请他们到校长室单独赠言:对在校已出版两本书、考取华东师范大学的许佳,赠以"厚积薄发";对考取上海戏剧学院的陈贝贝,赠以"清水出芙蓉"……

校长格言

我对每一届学生说:"你们要严肃地对待生活。"

高　屹

回想三十年前的中学生活

二〇〇五年三月二十六日，上海市南洋模范中学校长高屹和他中学时代的同学相聚。这一天，班主任戴小姑老师也来了。整整三十年过去了，师生重逢，畅叙阔别之情，回想当年往事。

一九七五年春，高屹毕业于沪光中学。当时的中学，学制四年，一般不分初、高中。在这四年里，班主任没有换过，一直由戴小姑老师担任。同学一批又一批加入了当时的“先进学生的组织”，就是轮不到高屹。

高屹的家在常熟路二〇九弄。戴老师来家访，进高家要经过三道门。戴老师在外面喊，高屹就是不开门；门终于开了，但高屹就是不倒茶。

高屹的父亲受到冲击，下放到市郊去了。母亲、

高　屹

姐姐和他在一起生活。家里的票证由高屹管理：豆油八角八分一斤，菜油八角一斤；白酱油两角四分一斤，红酱油两角七分一斤。姐弟俩争着买菜：黄瓜拣细嫩的挑，秋茄不能买，青菜有长梗和短梗之分，买肉得起早。傍晚，姐弟俩烧饭和洗碗的分工是：烧饭的不洗碗，洗碗的不烧饭。

高家的隔壁是修家。修家有修晓林和修海林两兄弟。修家书多，高屹一有空就到他家借书看。母亲叮嘱高屹："吃晚饭时不要到人家家去；去了，就坐在边上；不要问人家吃什么，不要看人家碗里的菜。"

一次语文课上，董枫老师头一甩："东风吹，战鼓擂……"谈兴正浓的他，突然发觉高屹在下面看书。董老师问："你看什么书？"高屹答："《唐宋词一百首》。"董老师收了书一看，说："是胡云翼选注的。胡云翼先生是我的老师。"他旋即把书还给了高屹。高屹人高,坐在后排。他发现董老师板书每个字的首笔拉得特别长,开始模仿这种写法。

语文老师换了又换,高屹一直担任课代表。当课代表负责两件事:擦黑板和收簿子。高屹擦黑板的手势是:从上“推”到下,上面横的“拉”一条,下面横的“拉”一条。大楷簿最难收。很多同学不写字,就把簿子交上来。老师佯装不知,一律批“阅”。高屹的大楷每次得“较好”。他去问老师:“为什么有一位同学每次得‘好’?”老师为他释疑。戴老师在边上说:“高屹是很喜欢看闲书的。”

中学毕业前,高屹加入了共青团。当年入团难,难在一个班级名额寥寥无几。一九七五年三月五日,高屹进厂工作;一九七八年七月二十日,他参加高考,考取上海师大中文系。

高屹一直和戴小姑老师保持联系,时至今日。有人问其故,高屹说:“戴老师的为人是很公正的。”

校长格言

我要对学生说一声:“谢谢。”

余安敏

在中学里养成读书的习惯

特级教师、闵行二中校长余安敏很重视读书。他对每位教师的要求是：一年阅读量超过二百万字；他对每位学生的要求是：在中学里养成读书的习惯。

一九七二年春到一九七六年春，余安敏在上海市闵行中学读书。这之前，他有过一段特殊的经历。余安敏一家五口：父亲是工程师，母亲是教师，他有两个弟弟。他从小生活在浙江瑞安的外婆家。因患脊髓灰质炎，他两岁到上海求医，之后又回到瑞安，这样反复多次才定居上海。

有一天晚上，他听见父亲对母亲说："这孩子长这么大了还不会走路，今后怎么办？"母亲于是带着他请骨科名医陈中伟会诊。陈医生说："这种病主

余安敏

要靠手术，但开刀弄不好人会瘫痪的。”父母权衡再三，决定采取保守疗法；几经周折，最后选定到南京解放军总医院进行针灸治疗。

母亲带他去南京看病。乘火车时，余安敏端坐在母亲身边看书。每次看病都是当日返回，历时数年。

有一次炖老母鸡，母亲叫余安敏看着。他因看书忘了，鸡被烧得缩成一小团，满屋焦味。母亲见状，走过来搂着他说：“你那么喜欢看书，就再到浙江老家去拿点书吧。”

余安敏进闵行中学时，已读过了《红楼梦》《叶尔绍夫兄弟》等大量中外文学名著。有一次语文课上白居易的《卖炭翁》。既是语文老师又是班主任的杜老师向余安敏提问。余安敏答题完毕，杜老师笑着对同学们说：“你们要向余安敏学习，他的知识很渊博。”余安敏大惊：“渊博”这个词是不轻易用来赞美学生的。

从此，他读书更勤，涉猎更广。

校内有一位老师会装无线电，余安敏报名参加了他带教的兴趣小组。余安敏父亲的同事知道此事，送来了大量的零件。家里仅有的一张方桌，堆满了余安敏装无线电的材料。父亲对余安敏的两个弟弟说："这张桌子上堆放的东西，你们不准动！"

按照当时的惯例，中学生要参加学工、学农劳动。一九七四年，余安敏到闵行船厂学工，和老工人一起搞技术革新，费时一年，发明了"电焊机自动断电装置"。《文汇报》记者要来校采访。一位"工宣队员"的校领导关切地叮嘱余安敏："记者来采访，你要说'为革命而学习'。"记者采访时，余安敏却说："我是学生，我热爱学习。学习很有趣，这与我喜欢看书有关。"

余安敏中学毕业后留校任教物理。一九七七年恢复高考，他考取华东师大物理系。一九九八年，他担任闵行二中校长。

校长格言

我希望我们的学生都能成人，然后成才，逐步走向成功。

柳泽泉

在少年时代播下爱的种子

特级教师、上海市光明中学校长柳泽泉，应邀出席浦东新区第二中心小学一百一十五周年校庆，喜遇当年的校长王祖荫和现在的校长陈洁：前者是他的老师；后者是他的学生。校庆时，三代同堂，抚今追昔。

柳泽泉初遇王祖荫老师，是在一九五二年报名就读浦东二中心时，录取一年级新生要经过测试。王老师问，柳泽泉答。"你爸爸叫什么名字?"这一问他答不出来，回头看着母亲。

柳泽泉的父亲被日本兵劈伤致死，从此母子俩相依为命。王老师知道此事后，免去了柳泽泉的学费。一天傍晚，他对瘦弱的柳泽泉说："这些零花钱你一定要拿，每天吃一只肉包子和一碗豆浆。"

柳泽泉

柳泽泉的哥哥、姐姐在解放前相继夭折。为了“圈”住柳泽泉，母亲给他戴了耳环。他四五岁时，右耳环被人抢去了；戴着左耳环上小学，没人歧视他。柳泽泉后来对此感慨道：“在特定的情况下，允许一个家庭和孩子的特定行为，这种宽容对我一生都是受益的。”他读三四年级时，作文竞赛全校第一；读五年级时，当了大队长——这一年，班主任王祖荫担任校长。

一九五八年，柳泽泉考取东昌中学。刚进校有人问他：“你为什么还戴耳环？”他说：“不戴耳环母亲会很伤心的。”平时，他常陪母亲去买菜，他对母亲说：“我要让你感到，儿子就在你身边。”母亲住院开刀，柳泽泉去陪夜。医生问：“病人开刀要签字的，家属呢？”读初三的柳泽泉为此而签上了名字。

《夜》和《我的母亲》是柳泽泉高中时的作文。《夜》荣获上海市中学生作文竞赛优秀奖。在《我的母亲》中，他写道：“初冬的晚上，我到浦西去开会。我刚出门，母亲就追了出来：'加一件绒线衫吧，不要着凉了。'母亲把我拉了过去，给我穿上，扣好了扣子。"文中还细述了母亲在解放前后的不同遭遇。

东昌中学校内的东园里有个很大的湖，湖畔有石凳。同学们相聚在一起创办文学刊物《新地》。文学社社长是柳泽泉。

上海市青年宫举办书法班，柳泽泉报名参加了。听书法家翁闿运讲解孙过庭的《书谱》，其中一段是："初学分布，但求平正；既知平正，务追险绝；既能险绝，复归平正。"柳泽泉反复诵读，把它作为做人和治学的座右铭。

柳泽泉的女儿柳闻莺和儿子柳成荫都毕业于上海交通大学，浦东新区第二中心小学也是他们的母校：柳泽泉先后把女儿和儿子送到这所小学读书——那是二十世纪八十年代的事情。

校长格言

作为一个中国人，我感到幸福，因为我是在用一种世界上最美丽的、表现力最丰富的文字写作；作为一名语文教师，我感到充实，因为我是在用我的生命教我的学生能拥有同样的幸福。

周纪平

大西北是我的第二个故乡

蒙山中学校长周纪平，一九六二年从华东师大附小毕业后考入上海中学。

周纪平的父亲周进楷，是华东师大历史系教师，他的母亲在华东师大图书馆工作。他有一个姐姐、一个弟弟和一个妹妹。

周纪平读小学时，班主任陈蟾仙老师教语文。有一次，他和几个同学一起被陈老师“叫”到办公室去。在办公室里，周纪平把课文《曹冲称象》读几遍后背出来了。陈老师下课后回到办公室，同学们纷纷告诉她：“周纪平已经把课文背出来了。”陈老师说：“你们是作业不做，他是上课喜欢插嘴。”

周纪平在上海中学住校读书。全班四十二个同学中，男生二十五人，女生十七人。男生们住在一

周纪平

间大寝室里，朝夕相处。

听杨德辉老师上语文课。杨老师是苏州人，一口吴侬软语。“西风烈，长空雁叫霜晨月……”毛泽东的《忆秦娥·娄山关》被他诵读后，同学们都记住了。下课时，还有同学在回味杨老师分析《忆秦娥》词的平仄声，以及他诵读时旁若无人的神情。

听郑老师上历史课，讲二十世纪三四十年代的事情。宁波某风景区有一棵古树，什么时候被人砍了他讲得清清楚楚；上海到苏州沿途竖了很多广告牌，虽是同一则广告，但内容稍有差别，每块广告牌上同中有异之处他说得明明白白。他从细微之处阐述其历史背景形成的原因。但不久，郑老师调到高校去教书了。

听被划为“右派”的外国留学生来代地理课。课间，同学们议论道：“学校怎么叫‘右派’代课呢？”周纪平回家谈起这件事，爷爷周谷城说："一所中学竟然还有外国留学生，不得了啊！"

课后，班级之间进行篮球比赛。男同学在球场上打球，女同学在一旁为他们鼓劲，喊加油，递送毛巾和茶水……

一九六三年，周纪平的父亲去世了；"文革"中，他的母亲靠向同事借钱抚养四个孩子。一九六九年十月，周纪平赴甘肃插队，后来招工进了玉门炼油厂工作。

到戈壁滩修水渠，天气奇寒，一年中只有夏季三个月可以施工。依着山坡，由骆驼驮水；靠人力把石头、水泥背上坡，然后搅拌。夜晚，人就睡在地窝子里。回厂里工作，周纪平翻三班。他在玉门成家。——在那里他整整生活了十四年，之后才回沪就业。

二十世纪末，周纪平携妻子旧地重游，受到各方的热情款待。前不久，他们又去大西北拜会工友。那天中午，蒋志信工程师久候在家门口。这位七十多岁的老人，雪白的头发梳得齐整。最初相逢的时刻，彼此无语，他们紧紧地握手，热泪盈眶……

校长格言

面对困难，莫轻言放弃。

徐　峰

第一次戴红领巾的那一刻

松江区张泽学校校长徐峰，曾在张泽的四村小学和红卫中学读小学和初中，之后考取松江一中读高中。一九八三年，他回张泽学校教书，于今二十有三年了。

二十世纪七十年代初，徐峰在张泽的四村小学读书。四村小学是一所村校，四个村的孩子都在这里读小学，学校因此得名。

徐峰的父亲是小学教师，他因在“文革”初喊错口号而回乡务农。徐峰的母亲是农民。这一家四口，挤在十几个平方米的小屋里。这小屋还要一分为二：外面是灶间，里面是房间；仅有一盏灯，拉出拉进两面用。

徐峰读小学四年级时，有一天上海越剧团来松

徐　峰

江招演员。就在四村小学的教室里，徐峰接受唱歌面试。他清唱一首《接过雷锋的枪》，初试通过了。但遭遇的结果和姐姐一样：她被上海杂技团看中，因为祖父是地主成分，政审不合格。

功课不多家务多。烧饭、烧菜、烧水，养鸡、养鸭、养猪。一有空，徐峰就去听父亲讲故事，听回乡知青讲故事，听张泽茶馆的说书先生讲故事。《东汉演义》《西汉演义》《水浒传》《聊斋志异》《孟丽君》等，他都去听。

有一次，母亲给徐峰三角钱叫他放学后买十块乳腐。路上，徐峰碰碎了买乳腐的瓶子，他于是花二角六分买回家一斤萝卜干，并把剩下的四分钱还给母亲。母亲一看，劈头打他，还边打边问："知道我为什么打你吗？"徐峰答："我把瓶子打碎了。"母亲怒道："乳腐可吃好几天，一斤萝卜干很快会被你们吃光的！"

夏天的午后，徐峰和同学到河边去割草。天很热，两人就把割草篮和镰刀朝河边一放，下河游泳去了。一艘满载西瓜的船过来了，撑船的是隔壁生产队的，他俩爬上船吃西瓜，并随之去米市渡卖西瓜了。傍晚，两人沿途而归，看见一群人围在河边。徐峰走近一看，父亲一言不发，母亲对着割草篮哭泣……这天晚上，徐峰被父亲狠狠地打了一顿。

夏天的午后——是徐峰读初二时的夏天的午后，他跟着母亲在稻田插秧。热风吹过，青禾拂胸。突然，数学老师跑来通知徐峰到市里去开会：出席上海市三好学生表彰会。徐峰被评为县三好学生，虽然不是表彰对象，但坐在万体馆开会，他惊喜道："自己也不差呀！"

一九七八年，毕业于红卫初中的徐峰考入县重点松江一中，之后又在松江读书多年。

一九八三年，徐峰回张泽学校教书。学校开少代会时，他第一次戴上红领巾。在少先队员为自己慢慢地系上红领巾的那一刻，看着他们稚气的脸和专注的眼神，徐峰的眼泪都流下来了。

校长格言

作为校长，我为同学们经过努力取得的成绩而自豪。

谭海岚

一直爱读书的梦与生俱来

她爱读书，无论在松江读小学、初中，还是到云南去务农，都是如此。她，就是上海市松江一中校长谭海岚。

谭海岚在松江中山小学读书。二年级时，班上来了一位师范毕业生朱老师。朱老师人美，音色也美。她上课，听到同学读音不准立刻叫停，加以指导。标准的普通话同学读不准，她就生气。课文《一个豆瓣的旅行》是一篇说明文，豆瓣吃进嘴里排出体外，被她讲得生动有趣。

谭海岚的家就住在县委机关大院。玩伴中有阿英、卡卡等。大院里有银杏。秋天，每人拿一个篮子去拾银杏；阵雨过后，大家都能拾到一篮子。深秋的院子，梧桐籽掉落下来，玩伴拾取炒了吃。冬

谭海岚

天的矮墙里外,留下了她们在雪地里奔跑的脚印和笑声。

二十世纪六十年代,谭海岚的父亲谭俊升在上海康平路《支部生活》编辑部工作。从康平路回松江,要乘长途汽车。每逢周末晚上,谭海岚和弟妹们站立在车站上等候父亲。父亲的包是大家的爱物:捧住它,打开它,寻找需要的东西。每当寒暑假,谭海岚就到父亲的宿舍去:那个院子很大,很大的院子里有很大的别墅,别墅里有的是书,她可以尽情地翻阅。

二十世纪六十年代末,谭海岚在松江二中读中学。去松江长溇学农时,夏清和老师和她坐在江边芦苇滩旁聊起来。夏老师对谭海岚说:“我看你非常适合当一名教师,而且肯定是一名好教师。”

一九七一年九月二十二日,未满十六周岁的谭海岚,乘上了一列载有一千三四百名知青的列车到达昆明,然后转乘汽车——前后行程共七天,这才到达云南思茅农场。在农场务农,十人一组,晨耕暮归。

谭海岚喜欢读书。范文澜的《中国通史》、周一良的《世界通史》等,都是她的父亲从上海寄来的。她平时读书看报,见有不认识的字,就查字典。此外,她还听半导体,自学英语。

一九七二年,大学开始招收工农兵学员。一九七五年,华东师大来云南思茅招收五名工农兵学员。每个连队可推荐两人,最后由场部审定录取名额。报名截止日的那天晚上九点多,谭海岚终于把报名表送给了连部领导。想圆大学的梦,深埋在她的心中。

有一天晚上,被推荐人陈艳主动对谭海岚说:“如果你能被录取,我祝贺你。”谭海岚说:“我也祝贺你。”谭海岚的好友——爱读书的黄成音却没有报名,她选择了回沪探亲。当她重返思茅时,谭海岚已经被华东师大历史系录取了。

整装待发,黄成音送谭海岚上大学。这段路很长很长,她们边走边谈……

校长格言

了解生命而且热爱生命的人,是幸福的。

陈奕望

人生的意义贵在持之以恒

他不断地聘请校友来校开讲座，把自己感同身受的人生体验告诉学生。他，就是上海市复兴高级中学校长陈奕望。

陈奕望，他的父亲毕业于复旦大学，家里藏书很多。陈奕望有三个哥哥、三个姐姐；父亲在外奔波，母亲辞掉了工作，相夫教子。

陈奕望在张桥路小学读三年级时，有一天晚上，陈国斌老师来家访，他对陈奕望的父母说："这孩子是很有出息的。"由陈老师推荐，陈奕望当上了班长和少先队大队长。

家里书多，陈奕望随意翻看。父亲偶然会问他："你最近看了哪些书？"这一问，陈奕望不得不去看更多的书。他看文艺类书，也看科技类书。每周两

陈奕望

次，他和同学一起，从虹口步行到南京西路，用节省下来的钱去买航模材料，自制游艇、飞机等模型。

"文革"中，陈国斌老师遭批斗。走近"独处"的陈老师，脸憋得通红的陈奕望不知说什么才好，他没有叫一声"陈老师"，只讲了一句很工作性的话。作为校长的陈奕望，每忆此事，感慨万分。

一九六九年，陈奕望进甘霖中学上中学。任教数学、担任副班主任的张坚老师，"文革"前是红旗中学校长。张老师对陈奕望说："你不能随随便便，学知识总是有用的。"有一次数学竞赛，陈奕望榜上无名，他不知该对张老师说什么好。张老师安慰他说："竞赛失利这无所谓。你要记住，不仅要会解难题，还要打好基础。"学农时，张老师把陈奕望留在身边，让他担任炊事班长。晚上同睡一屋，张老师跟他讲起自己的遭遇。

一九七三年，陈奕望中学毕业分配去崇明长江农场。他在场办企业当电焊工兼冷作工，工余坚持看书。因为哥哥、姐姐都在外地工作，他一个多月回沪一次，探望父母。

一九七七年恢复高考。第一年、第二年陈奕望都没有报考。一九七九年四月底，农场局颁布了停止从农场上调招工的条例。别无选择的他选择了参加高考，虽然困难重重：时间紧，资料缺，数学软，英语弱，然恒心已定。家有大事，他不回家；白天工作，晚上复习，他一天只睡两三个小时。高考揭晓：他的高考总分名列农场文科考生前茅，考取华东师大历史系。

一九八三年，陈奕望大学毕业去看望时任四平中学校长的张坚老师，张老师说："持之以恒地做一件事，总会有结果的。"从一九八三年起，陈奕望在华东师大一附中任教；二十年后，他离开该校担任虹口高级中学校长；二○○五年，他担任复兴高级中学校长。

校长格言

读书不是唯一重要的，做人才是最重要的。

冯纬世

留在心灵深处的那些话语

“走路时，别人踩到我的脚后跟，我回头对他说：‘对不起。’做人，要以德报怨……”上海市市东中学校长冯纬世经常讲起这些话。

冯纬世，一九六二年到一九六八年在控江中学读初中和高中。读初中时，班主任赵绍生老师教语文。在他的影响下，同学们都喜欢写作、书法和课外阅读。冯纬世喜欢数学和物理，更爱天文学。他订了《天文爱好者》杂志，自制天文望远镜。晚上，他在户外旷野观察：看星星，看星云，看月亮上的环形山。

外语老师刚从大学毕业，她上课时被同学们弄得哭着走出了教室。赵老师进来批评同学，口气极柔软；课后，他又找个别同学谈话，条分缕析。一段

冯纬世

时间后,外语老师最喜欢这个班级。

冯纬世是学习委员,他想考出去。校团委书记顾国治知道后,找他谈心。绕着校园两人走了几十圈,半天过去了,软语盈耳。

读高中时,冯纬世担任班长。班主任孔广孚老师来家访。家访后,冯纬世送孔老师回去。半个小时过去了,他们还在走,还在谈,细语轻声。

去嘉定黄渡、松江泗泾、浦东金桥、崇明农场学农。双抢时,孔老师带领男同学插秧。孔老师先在卷起的裤管里放些盐，以防蚂蟥叮咬，然后年纪很大的他下田弯腰插秧。撒猪塮时，同学们嫌臭，孔老师带头撒，大家跟着他做，润物无声。

母亲忙忙碌碌，早上先买菜、做早饭，然后骑车上班。一家七口，五个孩子。冯纬世有一个姐姐、一个妹妹和两个弟弟。七岁的他，已学会在傍晚生好煤炉，便于母亲下班回家做晚饭。晚上，子女复习功课，母亲就站在两家合用的水龙头边，搓洗全家人的衣服。

在"国家三年困难时期"，定粮吃饭。妹妹做饼，每人的一团面粉她都用秤称过，然后又从自己的面团中挖出一块给哥哥。当哥哥的冯纬世吃饭很快，把多余的菜省给弟妹吃。

放暑假到张江乡下的外公家去玩。母亲告诉孩子："我有四个弟弟：三个是大学生，一个是飞行员。你们要向舅舅学习。"冯纬世在乡下玩：白天钓鱼、捉青蛙、摸蟹，晚上在庭院里看满天的繁星。

父亲早出晚归，从控江四村的家里去吴淞煤气厂上班，来回奔忙。二十世纪五十年代初，三层楼尖顶的工人新村落成了。冯家可分到二层楼的整个单元，但父亲硬是退掉了一间房子。父亲是厂里的人事科长，别人有事找他，他总是话语和蔼地接待对方。父亲常说："宁可别人对不起我，我不能对不起别人。"父亲的话，冯纬世一直记在心里。

校长格言

让学生在校就读时得到最好的发展，让他们笑着走出学校。

管彦丰

深爱语文的萌芽潜滋暗长

特级校长管彦丰——这位上海市尚文中学的现任校长，深爱语文，由来已久。

管彦丰在蓬莱路二小上小学。毕业前夕，班主任张文盛把管彦丰等中队干部请到他斜桥石库门的家里开小灶——既教语文，又教数学；老师上课，师母烧饭；学生听课，分文不收。

一九六一年秋，这些同学都考取了重点中学；管彦丰考取市重点大同中学，就读初中。

由陈毅市长任命的大同中学校长王季娴，早年毕业于燕京大学。在校内，戴眼镜的王校长穿一身人民装，剪着齐耳的短发。她上几何课，画圆不用尺规，并能正视学生，反手板书。王校长经常听课，尤其是语文课，都有所评价。

管彦丰

吴尔昌老师教语文。身着长衫长裤的吴老师,批作文有点评、眉批;有时点评加眉批的篇幅将近半篇作文。学生有佳作,他总会印发下来;学生作文差,他总会向该生介绍某同学或某篇范文作参考;学生字潦草,他总会举例激励:"鲁迅先生在仙台学医,解剖图画得多精确啊! 毛主席在湖南读师范,楷书一丝不苟。"

何修序老师教语文。何老师中等身材,皮肤黝黑。他从闻一多的《最后的演讲》讲起,结合时政,谈到中苏论战中的"中共九评",谈到"九评"中的精彩语段,还谈到竺可桢、茅以升、苏步青等科学家,特别指出,他们文采风流。

刘志陵老师教语文。刘老师经常穿着整洁且褪了色的旧衣服走上讲台。刘老师说:"写东西要通俗易懂。《战国策》里许多文章很容易看懂,而明清的古文反而让人难以看懂。白居易诗好,老太太都能听懂。高深的学问要用浅显的话说出来。辛弃疾是宋朝人，他的词用典再用典，别人难以看懂。有些诗词有争议，说明语言需要反复锤炼。”

管彦丰在明德中学上高中，严子和、许以业和吴建箴先后教其语文。有一次，管彦丰问严老师：“诗句‘天翻地覆慨而慷’，‘慨而慷’怎么理解？”严老师说：“‘慷慨’倒一倒，中间放上‘而’字，读起来就顺口了。”严老师说开去：“课文王安石《答司马谏议书》，只有一两句套话，就切入正题，列出观点，要言不烦；综观全文，字字珠玑！”管彦丰向吴老师请教，吴老师谈兴正浓时会说：“到我家里来，我家有的是书，你尽管拿去看吧！”

二十世纪八十年代，王季娴担任南市区教育局副局长，分管教育；管彦丰是该区南市三中的教导。每逢周三，王季娴准时到校听课；课后，彼此总会交流听语文课的心得……

校长格言

人活着就是要奋斗，要贡献；你付出了，你努力了，就是成功了。

魏孟勋

难忘的高中生活记忆犹新

特级教师、上海市第十中学校长魏孟勋，曾在复旦附中读高中，那是四十多年前的事。

魏孟勋的家在上海市黄浦区，他在静安区读小学和初中。一家五个孩子，他是老二；上面还有老人。他的父亲毕业于圣约翰大学，父亲爱看书，所写的读书笔记像书一样可以排列开来。他报考小学、初中，乃至初中毕业报考复旦附中读高中，父母并不过问。敬老爱幼，平静而安宁的日子是父母精心营造的。

一九六三年，魏孟勋进复旦附中读高中。

班主任卢元老师教语文。有一次，报纸上发表了一篇高中生写的随笔《茉莉花》，卢老师为此组织同学进行讨论。根据同学们的发言，卢老师总结

魏孟勋

道："这篇文章虽然文笔很美，但和社会生活脱节，缺少血和肉。写作要贴近生活：关心社会，关心人，关心国家大事，关心世界大事。"魏孟勋事后得知，一九八七年七月七日上海高考语文卷上的作文题"有感于五十年前的今天"，就是卢元老师出的。

曾容老师任教过数学课。他上课的讲义《微积分》是他自编的教材。一堂课后，他布置几道习题，但要完成其中的一道，无异于写一篇数学小论文。这就逼着同学去看课外书。当时，大科学家华罗庚、茅以升等，都纷纷为中学生写科普读物，这使学生获益匪浅。

张静甫老师任教物理课。张老师是上海嘉定人，年近四十，讲一口上海普通话。张老师讲课，书上的概念讲得非常透彻。每堂课后的作业只有一两道题目，但题目富有思辨性。他还推荐同学去看物理学会编的一套小册子《运动学》《力学》《光学》《电学》，便于解题。

史美芬老师来上化学课。史老师上课，一本书，一支粉笔：一面讲，一面写；板书清清楚楚，没有一句废话，课本内容娴熟于心——教案放在办公室，从不带进课堂。唐文钧老师来上生物课。唐老师讲课，把课本上的生物知识和实际生活联系起来。同样，他出的试卷，要求学生用学过的知识来解释生活中发生的现象。

魏孟勋学的是俄语，陈锡麟老师教英语，他和陈老师之间的交流，开始于他当教师之后。

当时，复旦附中个别教师有所谓的历史问题，姜拱绅校长不管这些，他对某位教师说："你到我这里来，只要好好教书就可以了。"

魏孟勋高中毕业时，遭遇"文革"。"文革"中，他去崇明新海农场务农四年，于一九七二年抽调到上海市第十中学担任英语教师。

"文革"后，卢元、曾容、张静甫、唐文钧、陈锡麟等都被评为特级教师。有一次，陈锡麟老师对魏孟勋说："想不到姜校长凝聚了那么多人才！"陈老师讲这话是在二十世纪八十年代中期。那时，魏孟勋已经担任校长了。

校长格言

学习是否成功，不在于获得知识量的多少，而在于是否学会了选择，学会了发现问题，学会了思考，学会了攻克难题的方法。

唐建龙

看到大海的感觉流连忘返

在上海市南汇区第一中学听校长唐建龙谈起他少年的往事，是在不久前的一天下午。

唐建龙是农家的孩子。他的父亲曾任公社畜牧场场长，后回乡种田；母亲是生产队的妇女队长。他有一个姐姐、两个哥哥；二哥复员后到公社的中学当教师。

母亲晨出晚归。每天回家后，她忙着烧饭，养猪，养羊，养鸡，养鸭；晚饭后，她还要忙着织布和做鞋。煤油灯下，织布机前，母亲的背影，成了子女眼中最常见的画面。

盛夏，唐建龙和同学一起去看大海。那时，他还在读小学。站在海边，他第一次看大海：海水浑浊，芦苇摇曳；天水相连，一望无际。几十年后每当回

唐建龙

忆此事，他还是感叹道："第一次看海，有一种流连忘返的感觉。"

盛夏，西瓜卖三分钱一斤。孩子们想吃西瓜。一只西瓜买回家，母亲不吃，她看着小孩吃。当时，买肥皂、食糖等都要票证。农民要吃豆制品，就用黄豆到镇上的豆腐店去兑换。家里来客人，母亲炒点黄豆、豌豆，作为招待之物，粗茶淡饭。

盛夏，唐建龙和父亲、哥哥一起到河里去摸螃蟹。摸了好几斤螃蟹，父、兄就叫唐建龙拿到集市上去卖，以便改善生活。螃蟹卖了三四元钱，唐建龙把钱放在短裤口袋里，下河游泳抄近路回家。回到家里，他发现钱没了。父亲暴跳如雷，要打他；母亲却说："下次要注意，做事要小心一点。"事情就这样过去了。

二十世纪六十年代末，唐建龙在东海公社中学上学。吴本和老师教数学。吴老师是师范毕业生，年纪很轻。有一次教抛物线，吴老师拿出一支粉笔向上一抛，正当同学惊愕时，吴老师开始讲解抛物线了。

也许是年龄，也许是学识，也许是人品等原因，吴老师能使同学亲近他。吴老师的家在上海市静安区，平时他住在学校里。周末，他从学校步行三刻钟到祝桥，搭乘周南线到周家渡，然后再乘车回家。吴老师石库门狭小亭子间中的那个家，唐建龙等同学都去过。

一九七四年春，唐建龙中学毕业回乡务农。一年后，他被抽调到社办厂当电工，工作三班倒。当电工和种田相比，有天壤之别了。但只要一有空，唐建龙就和同学一起到学校或市区去看吴老师，和他交流自学的心得。

一九七七年恢复高考。吴老师对唐建龙说："你成绩好，快去考啊！"父母反对说："你现在很好了，在社办厂做可以了。"犹豫徘徊之际，当教师的二哥鼓励唐建龙去报考。这一年冬天，唐建龙参加了考试，他考取上海师大化学系。四年后，他大学毕业当上了教师。

校长格言

脚踏实地，每天进步一点点。

康　定

在艰苦的生活中学习语文

嘉定二中新任校长康定，一九七五年毕业于该校：据说校友回母校担任校长，他是第一位。

康定的父亲是解放前上海中学的初中生，曾在一家外资公司供职；康定的母亲没有工作。因生活所迫，康家从市区搬到南翔：康定有兄姐五人，他最小，出生在南翔。

“文革”中，康家因父亲的“历史问题”遭到抄家。抄家的冲进康家的院子，冲进这一排三开间的瓦房，结果一无所获。康家屋后有一条河，抄家的就潜入河底去摸，还是一无所获。那时候，康定正在怀少小学读书。有一次评三好学生，他被评上了，但不能上台领奖，因为他出身不好。领奖的那一刻，班主任肖萍霞是怎样把奖状塞给他的，又对

康 定

他说了哪些话，他都记不清了。他唯一记住的是肖老师那张慈祥的脸，一直在温暖着他。

肖老师教语文。《台风来了》这一课有一句："台风来了，把一棵大树连根拔起。"肖老师讲解"拔"字用得如何之好，康定听得入迷了。他很惊讶："用词竟有那么多讲究！"

康定在家里随意翻到两本书：一本是父亲买的《毛泽东选集中的典故》；一本是大姐读大学的课本《古代汉语》。看《典故》，他学到了不少成语；看《古代汉语》，他虽然不太懂，但是还想看。不知不觉中，他爱上了语文。

在中学里，康定参加了文学社和红画班。文学社指导老师是钱梦龙，钱老师对学生关爱有加。写文章、刻蜡纸、编校刊，康定样样都干。在红画班，康定学写美术字和画素描。美术字中，常见的是黑体、宋体、仿宋体，他边学边用，用处很多。康定是该校的学生干部,还负责广播宣传工作。

放学后,康定的家务活是生煤炉。有时煤饼用完了,他就去买煤灰,敲煤饼。夏季的某一天,他在屋后的河里游泳。河面上忽然漂过一块木板。康定一看,奋力游过去,抱住木板,把它拖了回家,搁在柴堆上,生煤炉用。

多子女的家庭,最小的孩子总是穿旧衣服。一件衣服,新三年,旧三年,缝缝补补又三年。中学毕业后、插队落户前,康定第一次穿上崭新的棉毛衫。“从来没有感受到,这衣服穿上去会那么贴身!”康定高兴得不知所措。

康定插队时,曾为大队党支部书记写发言稿;他务农的三四年中,曾两次抽到中学担任代课老师;恢复高考后,他考取了上海师大中文系……这一切,都缘结语文。

康定担任嘉定二中校长后,去看望年近八十的肖萍霞老师。肖老师说:“现在当校长的,毕竟都是过去要读书的学生。”

校长格言

患难时要坚毅,顺畅时要谨慎。

陈剑波

务农后才理解老师和父母

他只读了一年初中，就去北大荒务农，他就是华东师大第一初级中学校长陈剑波。

陈剑波在溧阳路二小上小学，三年级当小队长，四年级当中队长，五六年级当大队长。那次竞选，陈剑波在黑板上写了"大队委员后选人"七个字，班主任沈美珍对他说："你把'候'字写错了。"字更正后，沈老师又说："你是候选人，上台发言声音大一点，别怕！"听了沈老师的话，他信步走上讲台。

陈剑波的父母都是普通工人。有一次陈剑波做错了事，父亲知道后没打他，几天后请他坐下慢慢开导他。这一家五口围坐在一起吃饭，没有一点声音，因为母亲有规矩："食必静，食无言。"洗衣服时，母亲也有规矩："衣服和裤子分开洗，外衣和内衣分

陈剑波

开洗，深颜色的和淡颜色的分开洗。”

小学毕业前，沈老师问陈剑波打算考哪一所学校。见他很茫然，沈老师说：“同样是区重点，报考虹口中学的人太多，你报考北郊中学，不出意外的话是能考取的。”他于是照做了。而发榜时，他天天盼望着邮递员送录取通知书来。一阵自行车铃声响过，他总是向窗外张望。有一天邮递员真的来了，他却逃跑了。直到父母把录取“北郊”的消息告诉了他，他才笑了。

一九六五年的北郊中学，新大楼刚落成。陈剑波作为初一新生，佩戴校徽，坐在小礼堂聆听朱瑞珠校长讲话。“北郊中学是一所具有光荣革命历史的学校。”这是朱校长的讲话主题，也是她送给初一新生的见面礼。可是，陈剑波只读了初一，“文革”就开始了。未满十七周岁的他，于一九六九年三月十三日，乘上满载知青的列车，赴黑龙江务农去了。

刚到华山农场，知青们在食堂搭“死伙”：黄豆酱油汤、卷心菜、大白菜是主菜；玉米、小米是主食。食堂偶而有馒头，南方知青抢着吃。陈剑波一口气能吃八个，但也只能吃，不能带；如果偷带馒头被看管的发现，轻则批评，重则批斗。

刚到华山农场，知青要进行军训。白天，他们在地上摸爬滚打，衣服破了，膝掌流血；晚上，大家住统间，睡统铺；一间统间住几百人，一条坑上睡几十人；晚饭后彼此合作：一个人的脸盆洗脸，一个人的脸盆洗脚。

刚到华山农场，来自其他省市的知青对上海北郊中学青年人所具有的人文关爱精神不理解：比如工余读书互帮互学，比如捐款给江西插队的校友，比如把工资寄给父母……

陈剑波在农场入团、入党、提干。他说：“十年务农，我才真正理解呵护我的老师，理解生我养我的父母。”

校长格言

让不同层次的学生都获得明显的进步，都能获得人生的自信。

张人利

开会时重逢甄庆里的同伴

特级校长张人利，现为上海市静安区教育学院院长，兼任静教院附校校长。几十年前，他在静安区就读小学、初中和高中。

二十世纪五十年代中期，张人利就读静安区第一中心小学。一二年级的语文由班主任闻君辉任教，三年级换了老师。想不到新来的老师说："这个班的学生字写得这么差啊！"闻老师听说后，把学生叫进办公室，说："你们再写一遍。"同学们当场书写。闻老师说："你们个别字没写好，新来的老师可能只看到你们没写好的字。"这一说，没事了。

小学毕业考哪一所中学？在读育才中学的二哥告诉张人利："你不要报考'育才'，书背不出要叫到妈妈(其母时任育才中学教师)那里去的。"就因为

张人利

这句话,他报考了当时的区重点五四中学。

五四中学有十多位校友荣获中科院、工程院院士称号。一九六一年张人利进校读书时,语、数、外学科的教研组长都毕业于复旦大学。此外,不少教师能用外语上课;数学老师吴其成,还能任教物理课和化学课。

上数学课,张人利听懂了就开小差。吴老师走了过来,摸出一张纸条,说:"这道题你做一下。"他一看,是难题,就埋头做起来。物理老师上课讲解帕斯卡定律,课后被同学起绰号"帕斯卡"。张人利去问他题目,"帕斯卡"塞了本书给他:"这本书你去翻一下。"

高中报考复旦附中。发榜那天,父母买好了脸盆,准备让他去住读。一九六四年的中考也很难:因成分关系,他只能就读青锋中学。他有两个哥哥、两个姐姐,除二哥当兵一年退伍外,其他人都考上了大学……这天晚上,他彻夜难眠。这年秋天,他走进了青锋中学。

学生学农竟分成若干组。张人利所在的一组，同学的境遇大致相同。寂寞中，他看到带队老师张甫楠左右手同时打算盘，能跟两个不同组别的同学结账，还知道他是为《物理学报》撰文的专家；寂寞中，他告别了静安区新闸路甄庆里那些小伙伴，考取了上海市数学竞赛班，这个班由名师赵宪初等直接辅导；寂寞中，他从热爱数理化到自学樊映川的《高等数学》，而且还读了大量的文史类著作，相信总有一天他是能上大学的……

"文革"中他务农多年，经过培训后回静安区当教师。大哥张人杰一直劝他学外语。"文革"后，大哥去联合国工作；大嫂是大哥的外语教师，在联合国担任同声翻译。他钦佩大哥的先见之明和钻研精神，但人各有志。

现在，张人利去区里开会，遇到法院院长、财政局长、税务局长、业大校长，他惊叹道："怎么都是当初在甄庆里一起玩的伙伴呢？巧啊！"

校长格言

在追求过程中感受幸福。

颜慧芬

遇到好老师是一生的幸福

“生命诚可贵，幸福价更高。”上海市风华中学校长颜慧芬经常讲起这句话。

颜慧芬出生在二十世纪六十年代初，她的家在闸北区苏家巷的“四层楼”。当时人们称呼“四层楼”，是以此区别其四周的平房。颜慧芬有一个姐姐，一个弟弟。

颜慧芬刚出生时，瘦小羸弱，生命奄奄一息。许多人劝她母亲“不要这个孩子”。母亲抱着她，盯着她看：五分钟过去了，她的头动了一下。母亲不放弃，为此四处求医。她三岁时，父母才给她起名字：颜慧芬。以前没给她起名字，是害怕养不活她，父母又添一层伤痛。

“文革”中，父亲因为“当厂长”而蒙受抄家。抄

颜慧芬

家的问颜慧芬:“你父亲的黑材料放在哪里?”“放在五斗橱里。”她看见父亲的文件放在那里。母亲却说:“父亲的东西问女儿没用,这要问儿子。”如此一说,他们罢手了。

她在苏家巷小学读书。一天下午,小小班的五位同学聚在家里做功课。其中高个子男生总是捣蛋。于是四个人把他弄到小方桌下,合围而坐,把他封住。“高个子”久蹲桌下,直不起腰,他就用头顶桌子,又被大家压住。他哀叹不会做作业,小组长颜慧芬就帮他补习。

读小学时,颜慧芬一直担任班长。每当其他班主任忙于处理班干部之间的矛盾时,班主任施老师总会笑道:“我们的班级只要有颜慧芬在,这类事就不会发生。”

一九七五年,“四层楼”开始装煤气。三家合用的厨房,父母没在煤气灶上装锁。这之前,颜家曾发现热水瓶里的水经常少掉，母亲说："吃点亏无所谓。"夜半，颜家又察觉煤气灶台有微热，父亲说："做人气量要大。"

一九七五年，颜慧芬进门合中学读书，班主任王绪义教语文。上《鸿门宴》这一课，他先讲了一个故事，同学们听得入神了，他就请大家打开课本，说："刚才我讲的就是《鸿门宴》……"王老师讲课一课一法，引人入胜。

一九七五年，姐姐中学毕业分进工厂。按当时政策，颜慧芬中学毕业将去务农。但她爱读书。在皮鞋厂检品车间学工，她一有空就看书。有一次，一个同学向王老师反映她在看黄色书。王老师一看，是一本残损的《红岩》，他不言语。后来她还体会到，检品车间比较空闲，这是王老师对她的关照。回首往事，颜慧芬说："遇到一位好老师是一生的幸福。"

一九七七年恢复高考。一九七九年，颜慧芬中学毕业考取了华东师大化学系。邻居们闻讯后前来祝贺。有人说："你刚出生时——"话刚一出口，大家都笑了。

过了一年，颜慧芬的弟弟也考取了大学。

校长格言

让我身边的每个人都感到幸福。

刘　彬

穿着母亲做的布鞋上大学

浦江一中校长刘彬当年报考大学,第一志愿选择"师范"。他说:"我的选择,受到父母和老师的影响。"

刘彬出生在二十世纪六十年代中期,他的家在上海县(现为闵行区)颛桥镇联农村。刘彬读小学时,他的父亲先后在颛桥地区的联农、六磊、曙光、群力等小学任教。父亲每调一处,刘彬跟着转学。晨出晚归,刘彬坐在父亲的自行车上:父亲去上班,他去读书;寒来暑往,从不间断。

有一次上语文课,父亲在讲课,刘彬开小差。父亲提问,刘彬答非所问。父亲脸一板,走过去,狠敲刘彬的头顶,当众呵斥。回家路上,父亲重提此事:"我教书,自己的儿子不做表率,怎么行呢?"刘彬听

刘　彬

着听着，哭了。

刘彬的母亲双目几近失明。一家五口的经济来源，全靠父亲微薄的工资。外看丈夫衣，内看家中妻。母亲治家，井井有条。父亲领了工资，全部交给母亲。他要买一包香烟，还得向母亲讨钱。常常在这样的时候，刘彬就跟父亲开玩笑，骑在父亲的脖子上；父亲呵呵地笑，乐不可支，刘彬也笑了。

刘彬从小就开始烧饭、烧菜；读小学三年级，每当节假日由妹妹看家，他就和姐姐一起下地挣工分。一年下来，两人挣得几十元钱。年终结算，和拿队里的预支相抵，他家还是透支。常年如此。

有一年过年，刘彬没拿到压岁钱。村里办展销会，他去观看。糖糕五分钱一块，邻居给子女买时顺便也给他买了一块。母亲知道此事后，告诫刘彬："做人要本分，不要和别人攀比。"说完，她还钱去了。

刘彬在紫江中学上初中，班主任王建老师教语文。王老师讲课，分析句子成分清晰明了。一次，刘彬因接种卡介苗皮肤化脓，手臂肿得抬不起来了。想不到王老师骑着自行车来探望病假在家的刘彬。

刘彬在颛桥中学读高中，遇到了项天舒老师。项老师话语温和，言辞谦恭。他上鲁迅的《药》《记念刘和珍君》等，尤有见地。项老师经常借书给刘彬看，刘彬获益匪浅。

刘彬考上了上海师大中文系。他是唯一穿着母亲做的布鞋报到的新生。不久，寝室的同学发现，刘彬从未穿过皮鞋。刘彬生日那天，寝室同学集资七元多钱为他买了一双猪皮皮鞋。不知谁开玩笑说："你站在桌子上走一圈。"刘彬第一次穿上崭新的皮鞋，在寝室的桌子上走了一圈又一圈。同学们见此情景，开怀大笑。

刘彬大学毕业至今，整整二十年了。

校长格言

教师的工作在于成就学生，校长的职责在于成就教师。

李新祥

和谐的家风是父母营造的

清晨去青浦，在上海教科院豫英实验学校听校长李新祥讲述过去的事情。

九平方米的一间亭子间要住九个人，那是他的家。当然，这事发生在二十世纪六七十年代上海市闸北区的一条弄堂里。

户主是父亲，他是老工人、老先进，月薪九十多元，这在当时是高收入；母亲当保育员，工资极低。一家九口，负担很重。父亲不抽烟，但爱喝酒。一瓶啤酒，他每天喝一小杯，不敢豪饮。上班路远，他提前一小时出门，步行去，不乘车，节省车钱。六个孩子读书，开支不小，有人劝父亲申请减免学费。父亲说："三年困难时期，国家有困难，学费能不减免就不减免。"

李新祥

六个孩子分别是：大姐、二姐、老三李新祥和他的一个妹妹、两个弟弟。外婆和他们生活在一起。这个家，仅能容纳一张桌子、一张大床、两张叠铺。孩子们睡叠铺：男孩子睡上铺，女孩子睡下铺。

家贫，但传统的节日照样过。比如中秋节，母亲会买一只广式月饼，用小刀切成八块，她不吃，让家人吃。母亲带头做家务，人人抢着找活干。二姐像母亲，处处做表率。一次，二姐去为小弟买奶糕，回家时不慎把伞弄丢了，她哭着说："我没当好表率。"母亲安慰她："你把小弟的奶糕买了回来，可以了；伞丢了，以后注意点。"

曾合群是李新祥读小学一二年级时的班主任。班上有位学生，因其父亲被判刑而遭人歧视。他没有书包，用报纸包着两本书来上学。曾老师为他买了书包，对待他像对待其他同学一样，关怀备至。

刘海凡是李新祥读小学五六年级时的班主任。刘老师刚接班时，有一次和李新祥一起参加劳动。事后，他在班上表扬李新祥挖阴沟不怕脏、不怕累。李新祥为此当上了中队长，学习更自觉了。

薛开林是李新祥读中学时的物理老师。薛家离李家不远，薛老师的妹妹是李新祥大姐（大姐于一九六三年考取上海交大）的同班同学，彼此有来往。一本《工基》教材，薛老师边讲边做，李新祥跟着动手做。务农后，李新祥被推荐到华东师大读书，缘结物理，始于当年。

童志云是李新祥读中学时的同班同学。他们一起集邮、一起养鱼，后来又一起到云南景洪去务农。务农时，李新祥在伐木时脚被斧头砍伤，住在医院，童志云朝夕相伴。后来，童志云患肝炎住院了，李新祥为他担水、送饭、擦身，寸步不离。

现在，李家子女六人中，有五位党员；他们的爱人中，有四位党员。其家风可见一斑！

校长格言

无论是过去还是现在，父母都是我们学习的榜样。

严颂华

用二十年时间圆了大学梦

东海之滨，祝桥乡下，那是他的故乡。他是谁？他就是南汇二中校长严颂华——用二十年时间圆了一个大学梦的严颂华。

家里世代务农的严颂华，生于二十世纪五十年代中期。他在南汇祝桥的村校读书。报名上小学时，老师问他："你几岁了？"虚岁六岁的他说："八岁。"当时没验户口簿，他上学了。

一条上学的路，他每次要走二十几分钟。先经过一条堤堰，步行腿颤。后经过一条小径：一边是荒冢，寒气逼人；另一边是有着像芦苇但又不是芦苇的丛林带，风吹瑟索。脚步不能走快，不能走慢，又不得不走。

张惠清老师是他大表姐的同学，她的家在小学

严颂华

旁边。一次，他发高烧，张老师把他抱到家里照顾他。张老师的家是低矮的农舍，简朴而又温暖。

平时，他读书总是很轻松，名列前茅；平时，张老师总是表扬他，赞不绝口；平时，父母亲总是带着他，走亲访友。听到亲友说起“这孩子将来准是读书的料”时，他很自豪。

小学很小，也很旧，原先是地主家的一个院了：工房和偏房就是教室；院中的空地就是操场。上体育课，学生能玩的仅是一根绳子、一只皮球而已。到镇上去，他走进小表姐就读的小学，教室里有风琴、电唱机，寒暑假作业簿都是像书一样的大本子。“这些太美了，但我们没有。”他惊叹之余，怅然若失。

小学毕业后，他没有地方读书。一年后，他才进星光中学(当时的“戴帽子”中学)读中学。

教语文的是复员军人祝林初老师。祝老师对弱小的他投之以关注，对斯文的他投之以关心，对好学的他投之以关爱。闲谈中，祝老师说："颂华，你长大后是可以读复旦大学新闻系的。"他听了，如梦非梦。

祝老师的恋爱对象王老师擅长跳舞，她看见严颂华的舞跳得好，就教他跳独舞。逢年过节，他登门跳独舞，慰问军烈属。严颂华后来回忆道："一个十三四岁的孩子，在众人的围观下，不怕难为情地在人家家里跳独舞，现在的学生怎么可能做这种事呢？"

二十世纪七十年代初，他中学毕业后回乡务农。务农八年，他备尝艰辛。八年中，他跟着电台学过英语，也跟着电台学过普通话，又被借到乡校当英语代课老师，但他更多的岁月是在种田，是想读书。

一九七七年恢复高考，他参加考试，考取中师。中师毕业后他边工作边考试，一九八二年考取上海电大中文系专科，一九八七年考取上外英语函授班，一九九四年考取上海师大教管系本科，一九九七年他通过英语考试取得学士学位。——就这样，整整二十年过去了。

校长格言

有书读是一种幸福。

高彩霞

老师赠给我人生的座右铭

上海市莘格中学校长高彩霞，出生在我国北方的一个多子女的家庭。她的父亲在外地工作，所有的家政由她能干的母亲主持。

过年时，父亲回家了。父母带着孩子们贴对联、挂灯笼、放爆竹、接财神，同时，一家人还围在一起包饺子。按当地习惯，母亲把洗干净的几枚硬币和几颗红枣包进饺子里，谁能吃到预示谁新年将有好运。为此，高彩霞总要多吃几个饺子，但求从中得到硬币或红枣。

家里买了一台缝纫机，母亲义务为邻居做衣服。除夕之前，缝纫机的轮子几乎昼夜不停地转着。母亲裁剪新布或翻拆旧衣，她要赶在大年三十前，为孩子们缝制新衣，让每个孩子穿上新衣过年。

高彩霞

高彩霞读小学是在二十世纪六十年代中期。她是当时第一批加入少先队的学生,老师让她代表全班同学发言。母亲见她在看发言稿,就告诉她:“你最好把发言稿背出来。”她的发言赢得了师生的鼓掌声,也给家人以喜悦。

不久,在一次主题班会上,班主任陈洪英让每个同学做一件事,唯独漏了高彩霞。她自言自语:“陈老师怎么把我忘了?”几天后,陈老师递给她一张纸条,上面写着雷锋同志的一段话:“一朵鲜花扮不出美丽的春天,一个人先进总是单枪匹马,众人先进才能够移山填海。”高彩霞是班级的卫生委员,后来当班长。这段话,她看了又看,读了又读,背了又背。这段话,是她的座右铭。

高彩霞在当地的升阳中学读书，是在二十世纪七十年代初。作为班级团支部书记的高彩霞，学习成绩很好，班级评选优秀学生，大多数同学都推选她。但体育委员王庆堂则反对："高彩霞读书好体育不好，我们班只有她一个人投掷项目不达标。"

没被评上优秀学生的高彩霞，从此重视体育了。打乒乓球、打篮球、练长跑，她都参加。没多久，她竟成了学校篮球队队员，还在学校的越野长跑赛中获得了名次。回首往事，高彩霞说："真的要好好感谢这位体育委员，没有他的反对，就不会促使我去参加体育活动……"

北方的寒假很长，高彩霞就和哥哥、姐姐一起看书。他们看过《欧阳海之歌》《林海雪原》《钢铁是怎样炼成的》《复活》等。欧阳海舍身推战马、救火车那一瞬间的心理描写，保尔·柯察金在烈士墓前的独白，直到现在，高彩霞还是记忆犹新。她说："少年时代是人生梦想开始的阶段，开卷有益，一生受用不尽。"

校长格言

珍爱生命，做一个有责任感的莘格人；全力以赴，做一个永不言败的莘格人；拒绝平庸，做一个追求卓越的莘格人。

章绍岩

从中学时代起就热爱写作

他爱写作，从读中学起就向报社投稿；他就是上海师范大学附属外国语中学校长章绍岩。

六十多年前，他在杭州右圣观路小学读书。那时，他的父亲赋闲在家，母亲没有工作。他有一个姐姐，两人都爱读书。

一次，班级民主选举社会服务部部长。他因为给同学讲过故事，有表演才能，大家纷纷投票选他。就这样，他被选上了“部长”。

假日，他和同学一起到西湖边钓鱼。湖水碧如蓝，波光粼粼。长时间没钓到一条鱼。突然，他看见白色的浮子慢慢下沉，就使劲提钓竿。没想到钓起的是一只大草鞋，他伸手一摸，鞋肚里有一只大鸭蛋。不久，他的“钓鸭蛋的故事”在班上传开了。

章绍岩

春天，学校组织学生去春游。早上，他带着母亲做的煎饼赶到学校。学校规定，不穿统一服装的学生不准去春游。他没有这种服装，春游去不成，哭了。这情景让包老师看见了，就把他领到宿舍，给他看书。中午，他们把各自带的东西放在一起吃。饭后，包老师还送给他一支毛笔。这支笔，他一直珍藏着。

他在之江大学附中读初中。学校多别墅，多草地，多果树。那一幢又一幢别墅，就是教学大楼和学生宿舍。芳草萋萋，一望无际。草坪上，果树成行。果树中，最多的是核桃树；核桃树中，最多的是洋核桃树。最难忘的是捡洋核桃。一夜大风刮过，第二天草坪上满是洋核桃。他捡起洋核桃舍不得吃，把它带回家给姐姐品尝。

姐姐是他文学上的启蒙者，经常借书给他看。有的外国小说书名很奇怪，比如《士敏土》等，但他看过后，就喜欢上了写作并开始投稿了。写作有素材。一次，他的袜子破了，就向班主任许老师借针线。许老师把针线穿好给他。他捏着线回到宿舍，才发现只剩一根线，针掉了。一连几天，他却躲避许老师。还是许老师主动问他："你袜子补好了吗？"他摇摇头。"快拿来！"许老师把他的袜子补好洗干净后交给他。

第一篇文章《场外观众》发表在《浙江日报》上时，他已经是杭州十中的高中生了。因为文章发表时署名"南兮"，所以稿费单寄到家里，父母都说："我家没有姓'南'的人。"他到报社拿到四元五角稿费。他用稿费为父亲买了两包香烟，为母亲买了一副老光眼镜；还剩一些钱，全家去吃小笼馒头……

五十多年前，他考取上海师院中文系。从大学毕业到现在，他在教育岗位上工作了四十七八年。最近，他个人的专著出版了，其中有荣获上海市新闻奖的《春满启园》，也有《场外观众》这篇文章，还有教育随笔等。他爱写作。

校长格言

一生爱写作，其乐无穷。

康潇津

今天的事情必须今天做好

周浦中学校长康潇津，从读中学起就养成“今天的事情必须今天做好”的习惯。

三十多年前，他在南汇下沙的村校上小学，为他戴红领巾的是王玉芳老师。王老师上他班的课，也是这所学校的校长。

一天中午，他回家吃饭。午后上学，他和同学路过一条水沟，发现鱼在沟里游。同学们捉鱼心切：有的挖泥，有的筑堰；他回家拿拷斗。沟水很快被他们拷干了，鱼儿翻动着银色的鱼肚在淤泥里跳。忽然有人喊：“上课迟到了！”大家奔到校门口，却被王校长发现了。王校长对他说：“你这个班长上课也迟到！”课后，王校长询问他迟到的原因。他如实说了。王校长说：“学生犯错误是正常的，但同样的

康潇津

错误不能犯第二次，更不能犯第三次。”

他的父亲远在广西工作。他八岁那年，父亲为他买了一台收音机。他开收音机听新闻、听散文，学说普通话。学校里有活动，他是主角。尤其是讲故事，他口齿清楚，普通话非常标准。同学们惊叹之余，羡慕不已。

他十三四岁时，在中学读书。因为他父亲的去世，生活发生了变化。家里只剩下种地的母亲和他，还有比他小四岁的弟弟。这一家三口，蛰居在小屋里。屋子又小又矮，他人站着，向上一伸手就触到房梁，梁上满是尘灰。

母亲沉默寡言，从不打骂孩子，也不表扬孩子。她总是起早摸黑地干活。一次，母亲在干活时，有人冲着她说：“你儿子书读不好了，叫他跟你种地吧！”母亲却说：“儿子是聪明的，我就是要让他读下去！”

他小学没学过英语，读中学开始学英语困难很大。英语老师上课数落他：“我的英语水平比你高一千倍，你永远也学不好了。”话音刚落，同学们都盯着他看。他不言语。

第一次物理测试卷发下来了，有些女生不及格。她们议论道：“物理真难学啊！不像外语是靠工夫背的。”听到这话，从此他每天早晨五点钟起来背英语，寒暑不辍。

读高中时，在班上他才交上了好友王卫伯。一起背诵名人名言，彼此畅谈李白诗句“天生我材必有用”，感觉很新鲜。读高中时，他荣获南汇县中学生演讲比赛一等奖。有人问他获奖原因。他说：“我的基础是小学打下的。”读高中时，他总结了自学心得：“认真只能把事做对，用心才能把事做好。今天的事情必须今天做好。”高中毕业，他考取了大学。

他当教师后，学生犯了错误，他用当年王校长批评他的话开导学生，收效显著。他当校长后，母亲的赡养费均由他负担。母亲和他的弟弟一起生活，幸福安康。

校长格言

认真只能把事做对，用心才能把事做好。

吴冬仔

三位老师走进了我的心里

从江西来上海担任上海外国语大学嘉定外国语实验学校校长的吴冬仔，曾谈起过三位老师。

第一位老师姜春妹，是他四十年前在江西上饶岑阳一小读小学时的班主任。姜老师教语文，板书工整而漂亮。她布置的作业，包括学生的作文和周记，都逐字逐句地批改。学生文章中精彩的句子和段落，她都圈点出来，上课讲评。学生有疑问，她就在办公室里一个一个地面批，直到他们弄懂为止。

小学毕业前，他经历过两场考试。先是由岑阳一小和岑阳二小各出试卷考本校的学生，然后进行交叉考。前一次考试他依然如故，成绩位于班级前十名；后一次考试他突飞猛进，成绩排在班级前三名。姜老师看到他考得很好，而平时考得很好的同

吴冬仔

学却没考好，感叹道："看来有的学生是死读书啊！"

第二位老师王元海，是他读小学时的数学老师。王老师教数学，每堂课只讲十几分钟，剩下的时间就让学生讨论。从学生的讨论中，王老师再进一步分析、归纳和总结。

老师上课是一门学问，学生听课也是一门学问。善于听课者，事半而功倍。他每次听课，细辨其味，注重体会这一课和上一课的区别和联系。课听完了，他的回家作业也做好了。有人问他："为什么你学得很轻松？"他说："老师上课是有规律的。听课能找到知识点，课就全部听懂了。学理科尤其如此。"

其实，他回家后没有时间做作业。他的父母都是工人；兄弟姐妹六人中，他是长兄，家务繁重。碗筷没洗干净，重洗；衣服没洗干净，重洗。母亲要求他："做事一定要认真，习惯成自然。"他从十三四岁起，就上天柱山挑木料，打工挣钱，补贴家用。

第三位老师汪庭荫，是他在横峰中学读中学时的班主任。汪老师教数学，他上的第一课是速算。汪老师出了一道题："28×25 是多少？"许久，没有人回答，他才举手了。汪老师听他解答后，对他说："我第一个认识的学生就是你！"

当时，中学的学制是四年：两年初中；两年高中。读完初中后，他辍学打工了。汪老师去家访，对他的父母说："你们不让孩子读完高中，太可惜了。"父母听从老师的话，让他去读高中了。

他高中毕业，正是恢复高考的一九七七年。那一年，他考取了大学。大学毕业后，他回到横峰中学教物理。汪老师对他说："小吴啊，你教书教得像我一样，不算好，你要教得比我好。"

几年后，他担任横峰中学校长，汪老师担任横峰中学教导主任。每年春节，他都要去看望汪老师，从不间断，时至于今。

校长格言

读书的关键是：把厚书读薄；把薄书读厚。

路光远

当一名教师是无上光荣的

那天在嘉定区中光高级中学，听校长路光远说起：“当年叶老师无意之中的一番话，使我爱上了‘教师’，并立志一生从教。”

二十世纪七十年代初，路光远在安徽马鞍山十七冶职工子弟学校读初中。他爱语文，是因为遇到李必恒、翟兆海两位老师。

路光远读初二时，李老师教他语文。李老师上课，板书少而讲读多，他要求学生用最快的速度把听课的知识点记下来。他说：“听到的和写出来的是两回事。”开始学生很难适应，一段时间下来，大家都学会了速记。

路光远读初三时，翟老师教他语文。翟老师发现同学有优点就立刻表扬，毫不吝啬。他点评作

路光远

文,条理清楚。他还强调:“读书百遍,其义自见。”于是自修课上,书声琅琅。路光远喜欢配音就是从这时开始的。

路光远的父母都在马鞍山钢铁公司工作,都是厂里的技术人员。晚上,一家四口在家里吃饭,如果谁晚回家,大家一起等。吃一个苹果,一切四,谁都不能少:父亲一份,母亲一份,路光远和他的妹妹各一份。

姑妈在图书馆工作,路光远借书很方便。一次,父亲问路光远:“最近你看什么书?”他说:“童话。”父亲说:“童话的世界是很美丽的,虽然有些事情离我们很远,但生活中都有它折射的影子。卖火柴的小女孩饥寒交迫,但她追求光明。你现在吃不愁,穿不愁,要珍惜啊!”

有一次,路光远与班上的学习委员发生矛盾。父亲知道此事后,规劝路光远:“遇到委屈不要太计较,有些事别人没做好说明他有难处。做人要善良，心胸要开阔。我们家的条件还不错，你还是要关心别人，帮助别人。”

路光远在马鞍山十七冶中学读高中。班主任是刚从华东师大毕业的叶凤黛，她教数学。路光远是宣传委员。每次出黑板报，叶老师听了他的设想后总是说：“很好，你去做。”

班上发展团员。路光远因为伯父在海外，他入团要写一份与家庭划清界限的保证书。父母为此对路光远说：“我们的家庭关系影响了你。你的前途很重要，我们‘断绝关系’也无妨。”

路光远在慈湖农场学农，班主任叶老师是领队。叶老师和同学白天劳动，晚上在农家的小屋里一起打牌，玩到晚上九点多钟。叶老师说：“做老师真好，做老师最伟大，做老师不只是我一个人的成功，而是所有学生的成功。”那天夜晚，星光灿烂。

路光远当教师后，有空就和学生一起玩；他当校长后，从未批评过老师，而是用表扬来激励大家。

校长格言

学会读，读出品位；学会玩，玩出情趣。

朱国君

老师就像父母一样关心我

上海市青浦区崧泽学校校长朱国君，将他二十多年前在青浦师范就读时的两位班主任赞美为“严父”和“慈母”。

朱国君是青浦商榻人。他的父亲在镇上手工业社当木匠，他的母亲是农民。他的家被他的四个姐姐打理得井井有条。他和妹妹就是在这洁净的环境中长大的。

二十世纪七十年代初，朱国君在东星小学读书。这地方原为村公所，是典型的江南园林式建筑：有天井、走廊和带阁楼的房子。

学校里，最年长的是袁老师，她头发花白；还有李老师和蔡老师。她们都要求学生背书，也经常给学生讲故事。同学们下午都要午睡。有一次下暴

朱国君

雨，积水涨起来了，午睡的孩子脚浸在水里了。这时，袁老师带头排积水，其他老师跟着她干，雨帘勾勒出老师们的身影。

放学后，朱国君就到父亲工作的地方去玩。闻惯了木屑味的他，偷学了木工手艺。木匠的活有刨、锯、凿、劈、雕等，其中学锯最省力。朱国君是左撇子，执斧劈木受影响，于是他专攻"木雕"了。

他爱小动物，日久生情。家里养了一只黄狗、一只花猫。黄狗是母的，瘦弱干瘪。一群小狗围着它吃奶时，它不断地舔舐小狗。黄狗躺在竹椅下，花猫爬上竹椅去抓黄狗的头，逗它玩。有一次，朱国君摔跤破了脸，黄狗为他舔伤口。几天后，伤口很快就好了！

从小学到中学，一台收音机陪伴他度过漫长的黄昏：收听长篇小说，学讲普通话。朱国君在商榻中学上学时，有一次，他登台表演获得满堂喝彩。人们惊叹道:“他的表演竟然这么生动啊!”

高中毕业,朱国君报考青浦师范。考试那天,母亲起得很早,为他煎了两个荷包蛋。很多年后,他对这件事还是记忆犹新。

朱国君进青浦师范读书,刘勇强、郭德峰担任他的班主任。刘老师对他要求很严,影响很大,担任学习委员的他为此替同学们做了很多事情。毕业前夕,刘老师赠给他四个字:“虚心,认真。”

朱国君从教后,郭老师一直关心他。二十七年来,朱国君在青浦的多所学校任职,但他每到一处,不管路途远近,郭老师都去看望他、指导他、帮助他,从不间断。这真是:“悠悠师生情,绵绵廿七载。人生何处有,于今他遇之。”

朱国君的家始终安在商榻。他的家像花园:一条鹅卵石路曲径通幽,屋外有假山、石榴、文旦树、香樟、紫藤、月季、牡丹等,花木扶疏。这些与他雕刻在门前的书法匾额相映成趣。他曾听郭老师说起:“校园要像花园一样美丽。”——他爱学校,有甚于家。

校长格言

做人要虚心,做事要认真。

仇忠海

恩师之爱改变了我的人生

话及童年，上海市七宝中学校长仇忠海情不自禁地谈起王群英老师。

二十世纪五十年代末，仇忠海在张家厍小学读三年级。这时的班主任是王群英老师，她任教语文。

仇忠海的祖辈在江苏建湖，是大户人家。其父辈家道中落，迁居上海。仇忠海原本排行老四，因两个姐姐在他童年时贫病去世，他成了老二：上有哥哥，下有妹妹和弟弟。这一家人，蛰居于市郊的小屋。母亲没有工作，全家都靠父亲四十多元的月收入维持生计，度日如年。

隔壁阿荣家，鱼肉飘香。早上，阿荣父亲嚷道："阿荣，快吃八宝饭啦！"一次放学回家，仇忠海看到弟弟被阿荣打，他冲上去，为弟弟出气。阿荣父亲

仇忠海

追出来，仇忠海躲在外面，直到半夜才回家。

早出晚归，还是读书。一次语文课上，仇忠海把前排男同学的头发扎成一个小辫子。这时，王群英老师说："仇忠海，你以前不是很好的吗，现在怎么变了？"他听了这话，脸红了。

从三年级下学期起，仇忠海的学习成绩跃居全班第一。这之后，他被选为少先队副大队长和大队长。六一儿童节前，王老师要求他上台发言。仇忠海低着头，看着脚上没有后跟的鞋子，说："我不去。"王老师把他领到她的宿舍里，找出一双蓝面白点的女式布鞋，他穿着正合适。同学们讥笑仇忠海穿女式鞋子，他害羞，用蓝墨水把鞋面上的白点涂去。这举动，被洁净而秀美的王老师看见了，她默然无语。

母亲起得很早，她炒好蚕豆后，叫仇忠海到小镇上去卖。这事被王老师知道了。王老师把仇忠海叫到她的宿舍里，问他："你饿吗？"他说："饿。"王老师取出一只大山芋，把它洗净，削去皮，递给他吃。随后，她又拿出一件衣服，说："这衣服改一改，你好穿的。"

在"国家三年困难时期"，学校养了许多兔子。课后，王老师和同学们一起到田间去割草。这些兔子由仇忠海负责看管。每当星期天或寒、暑假，他一个人背着八角篮去郊外割草，风雨无阻，从不间断。小学毕业时要举行会餐。想不到有一次仇忠海忘了关水龙头，第二天死了好几只兔子，他很难过。王老师安慰他："还有十几只兔子，会餐足够了。"

二十世纪六十年代中期，仇忠海初中毕业于南郊中学，考取七宝中学，就读高中。三十年后，他担任七宝中学校长。仇忠海现为特级教师、特级校长，然而王群英老师却在他高中毕业时悄然去世，至今四十年了。

校长格言

与人为善，成人之美，常怀感激之心，是事业成功的信条。

徐 俭

老师的爱使我爱上了老师

年近四十的徐俭，是上海市世界外国语中学校长。他的求学生涯，开始于沪西的玉屏南路小学。

徐俭每天上学要走十几分钟的路。同样这段路程，他的班主任朱祖暗老师却要走二十几分钟。朱老师是个残疾人，他是拄着两根拐杖上班的。

朱老师教语文。批大楷作业，他不轻易在学生的字上画红圈表示赞赏。一张大楷十几个字，能被朱老师画上一两个红圈的，很少。而学生的作文，能得到他夸奖的，更少。

一次，朱老师布置学生写一篇作文《我的铅笔盒》。朱老师看过徐俭的作文后，对他说："你的作文，时间、地点、人物、事件（包括开头和结尾）没有交代清楚，重写。"朱老师看过徐俭重写的作文后，

徐　俭

对他说："你的作文结构有问题，文字太长，重写。"当天晚上，徐俭的父亲——这位厂校教师和徐俭一起修改作文，直到深夜。第二天，徐俭把作文交给朱老师。几天后，学校的墙报上选登了徐俭的这篇文章。

暮色降临，有些学生还在校内打球。他们忽然发现朱老师走过来，球都不要就奔回家了。——其实，朱老师的双脚，不能同时站立在地上；朱老师的双手，不能在桌上放得平整。他因此一直没有结婚。

没过多久，几个同学给朱老师起了绰号："阿跷"，不少同学跟着喊绰号。第二天，朱老师走进教室，说："昨天，有哪些同学给老师起绰号？站起来!”一个又一个同学慢慢地站了起来。整个班级,只有一个女同学坐着。朱老师看着站着的同学,说:“我的残疾不是我自己要残疾的。我对你们要求严格,所以你们要骂我。如果你们都能考取重点中学,那你们就骂吧！其实,骂对你们是毫无帮助的。今天,有那么多人站起来,我不怪你们。希望今后不再有类似的事情发生。”教室里一片寂静,片刻之后,同学们都哭了……

一所普通的小学,一个普通的班级,一位普通的学生——徐俭在班上的成绩是中上。小学毕业,他和班上近二十位同学一样,考取了重点中学。徐俭考取了市重点延安中学。

徐俭在延安中学就读初中和高中。屠宛莲、周小平和邵琇珍、杨建平等老师先后担任过他的任课老师。其中,屠老师和邵老师是他读初中和高中时的班主任。一师一恩深,一师一情长。高中毕业,徐俭如愿以偿,考取上海师大。这当然也是他父母的心愿。

很多年前,母亲病重,父亲日夜陪伴她。母亲把家中关于他父亲、哥哥以及她自己的事都托付给徐俭,可见责任之重大！但当时的徐俭,还只是一位普通的高中数学教师。

校长格言

人生最关键的两件事是:“坚持”和“超越”。

李文亮

我在云南度过青春的岁月

特级校长李文亮，现为上海市东辉职业技术学校和东辉外国语高级中学校长。四十年前，他在上海市杨浦区开始读书。

他在大连路一小读书，一直担任班干部。课余，他参加数学兴趣小组，指导老师是任教他数学的储望英。储老师衣着朴素，待人和气。学生功课做得好，储老师就摸一下学生的头，讲一两句鼓励的话；学生功课做不好，储老师表情严肃，不多言语。学生看着老师的表情，知道该怎么做了。

在市东中学读书时，他的数学老师是张祥钰。张老师是青浦人，讲一口青浦话。张老师上课，切入点准，条理清楚，逻辑性强。上“开方”这一课，张老师可以不查数学用表，把平方根开出来。一堂课

李文亮

后，学生们都学会了这种方法。

在市东中学读书时，他的物理老师是吴光裕。吴老师刚从大学毕业，还担任他的班主任。吴老师的孩子刚出生时，正是学校组织学生学农的寒冬季节。学生到南汇去学农，吴老师是领队。严冬的农村，屋漏飘雪，吴老师和学生同吃、同住、同劳动，其乐融融。

在市东中学读书时，他中学毕业正逢二十世纪六十年代末知青上山下乡之时。吴老师动员学生去云南务农："头顶香蕉，脚踩菠萝，滑了一跤，抓一把花生……"他听了吴老师的话，回家后偷出户口簿报名去了云南。他的母亲知道这件事后，哭了。

他从上海出发，坐了两天三夜火车到达昆明，又坐了五天汽车来到云南省最南端的勐腊,在军垦农场务农。

勐腊气候湿热,四季雷鸣。上山干活,最累的活是种橡胶树。种橡胶树先要挖圆坑。圆坑面约八十公分,深约七十公分,底约六十公分。早晨上山,人很干净;傍晚收工,汗碱成晶。他们在山上吃午饭,没有菜,只有一碗清汤。他是武装连长,干活处处带头,终于累倒了。他被人抬进了医院,连里派人日夜看护他。

他的父母爱怜他。他从小体弱多病,务农时又患了急性肾炎。他回家探亲时,父母早已把家里六个人凭票供应的油节省下来,还买了香肠、咸肉等,让他带着走。返回勐腊后,他做了几天“富翁”,把从家里带来的东西分给大家吃。

务农五年后,他被推荐到华东师大读书。告别农场的那一刻,他竟哭了……

他从教至今三十年。其中,他站了二十七年讲台,担任行政工作二十年、班主任十年;先后在普通中学、重点中学、区教育学院和职校任职,工作苦累繁琐。对此,他说:“我有过云南务农的这段经历,再苦再累的工作我都不感到苦、不感到累了。”

校长格言

适合你的才是最好的。

翁肇桢

从小养成热爱读书的习惯

特级校长翁肇桢，现为奉贤区育秀实验学校校长。他爱读书，始于童年。

现已五十多岁的翁肇桢，在奉贤南桥度过他的童年。南桥镇上一户普通的民居，那是他的家。他的家很小，楼下一间，楼上一间。翁家多子女，且有老人，居室拥挤。翁肇桢的姑妈有困难，求助于他的母亲，母亲就把姑妈一家接到家里来住，一起生活。

小时候，翁肇桢经常发高烧。他生病住院，母亲日夜守护他。平时，母亲睡得很晚，孩子们一觉醒来，看见母亲还在做衣服。她做衣服，手巧，既为家人做，也为邻居做。为此，家中多来客，盈盈有笑声。

翁肇桢

翁肇桢刚上小学时，拼音读不准。不识字的母亲自学拼音，然后教他。母亲还天天检查翁肇桢的作业，这使他养成读书的习惯。

中秋节前，家里买了一只月饼。母亲没说吃，孩子们一连几天盯着月饼看，不敢碰。姑妈买了一斤饼干，翁肇桢拿了一块，没人察觉，他又拿了吃。姑妈发现饼干少了，母亲追问此事后，怒打翁肇桢。这件事他记忆犹新。

翁肇桢从小学三年级起担任少先队大队长。五年级一次改选，他只被选为中队长。他很久没有佩戴中队长标志了。刘银囡老师宽慰他："你要正确对待这件事……"后来，他又被选上大队长。

翁肇桢在中学读书，语文由班主任张信华老师任教。课上，张老师经常把自己发表在报刊上的文章念给学生听，也经常诵读学生的佳作。课后，张老师和学生一起玩，他能歌善舞，还会拉手风琴。翁肇桢爱语文，由此始。

翁肇桢的父亲在庄行小学工作。从南桥到庄行，来回要走三个多小时，但他坚持步行上下班。开始父亲教珠算，晚上在家里忙于备课；后来负责总务工作直至退休，二十多年没有出差过一分钱。

翁肇桢中学毕业去市郊插队。临行前，父亲把他背的行李包取下，把包里的衣服、蚊帐重新折叠整齐，这才让他背着包出门去。

插队时，翁肇桢住的小屋破且旧。小屋两旁是猪棚，屋后的竹林中有坟茔。风吹过，满是酸馊异味。寒夜里，他与书为伴。偶有敲门声，是村民老顾送来热汤，这使他暖遍全身。

插队六年，翁肇桢在多次招工中，均因高血压而未能上调。这之后，他在村校担任代课老师，从此走上教师的岗位。

十二年前，翁肇桢的父母喜庆金婚，并被评为奉贤区唯一一户市文明家庭。话及“曾经少年时”，翁肇桢说：“我爱读书，是和我父母、老师的影响及插队的经历分不开的。”

校长格言

想读书，好读书，会读书。

吴甫光

报考师范求学路上遇知音

初春的午后，晴天丽日。在上海市青浦高级中学，听校长吴甫光漫谈过去的岁月。

吴甫光出生于二十世纪六十年代初，是青浦农家的孩子。他起先在村里类似于私塾的小学读书，后来就读于新民小学。

新民小学也是村校。能吸引吴甫光的，是班主任陈丽华老师的一手好字。他模仿陈老师的书法，心向往之。陈老师应邀为大队写横幅标语，吴甫光一有空就拿着尺，跟着陈老师一起去写大字。

《在阳光下成长》这本小册子，讲的是几个孤儿，在党的阳光雨露下成长。吴甫光想看更多的书却没书看，面对仅有的这本小册子，他反复地读。这书，伴随他度过无数个黄昏。

吴甫光

吴甫光的父亲当过生产队队长，他识字不算多，可经常跑到学校询问儿子的情况。老师都住在村校附近，热情好客的吴家便成了“教师之家”。从吴甫光读小学一年级起，父亲就将其学生手册保存起来，年年如此。

上初中前，吴甫光为自己改了名字。吴甫光原名吴富江，村民都叫他“富江”。处于二十世纪七十年代初的他，因忌“富”字，取杜甫的“甫”字，用其谐音，改名为“吴甫光”。

上初中时，一次夏翠英老师对同学讲起：“我从市区的家里乘车到学校，下车后要走很长的路；乘船感觉好奇，但我害怕。”吴甫光回忆道：“夏老师教我们时还是年轻的姑娘，听她上课让我们感受到中心城区的文化。夏老师退休后，我们每年都去看望她。”

吴甫光十六岁那年，为了贴补家用，他课余时间就到生产队干活。他一年做了一百工(十小时为一工),只赚二十六元钱。吴甫光回忆道:“这笔钱的这个数字,成为我艰辛务农的象征。有了这段经历,直到现在我都不会大手大脚、随便浪费东西了。”

二十世纪七十年代末,吴甫光在新桥中学读书。他立志报考师范类的高校,但苦于没有完整的复习资料,地理等学科资料尤其少。吴甫光回忆道:“一次,父亲在一所乡校看见一张中国铁路地图,就把它借回家。我连夜在白纸上打九宫格,‘临摹’地图……”

吴甫光高考前因耳朵暂时患炎症,体检结果说他听力有问题,限报师范院校。当时的县教研员刘冲老师获知此事后,带领吴甫光去找文教局局长施家祺。施局长听了这事对吴甫光说:“你站在门口,我在办公室说几句话,你复述一下。”细辨其复述后,施局长说:“你是可以做教师的。”接着,他又写了一张便条,建议医院复查……复查顺利通过了。吴甫光如愿以偿,考取上海师大中文系。

校长格言

自信使人有持久的耐心。

尹丽君

立志从教十年才圆大学梦

特级教师尹丽君，现为上海市田家炳中学校长。她从插队时开始当老师，立志从教。

二十世纪六十年代中期，尹丽君在上海市和田中学读初中。代数之繁，徐老师教书循循善诱，疑问遂解；几何之难，赵老师上课丝丝入扣，迷宫便通。她因此喜爱数学。读书时尹丽君担任文体委员，可惜她才上完初二，“文革”就开始了。

初中毕业，尹丽君和她哥哥同时分进工厂（这不符合当时政策），她在上袜一厂当接线工；因为有人反映尹家兄妹都进了工厂，她上班仅半个月就成了待业青年。而同时，她家又因父亲有海外关系被抄家，全家举步维艰。

二十世纪五十年代末，因为尹丽君母亲家为烈

尹丽君

属,尹家就此住进十六户人家一个单元的三层楼工房。做面食是父亲的绝活,他做好后招呼楼里的孩子一起吃。所以“文革”中尹家虽遭厄运,邻居之间感情依旧。尽管如此,尹丽君不甘待业在家,毅然决定去江西务农。

在江西省新干县务农。尹丽君和当地农民一起种田、养猪、买砖、造房子、烧木炭、修水库等,样样活都干。

买砖最怪。大清早人就静候在大拖拉机进山的上坡路边,大拖拉机开到这里车速并不快,买砖者趁此飞身翻进车斗。司机察觉了也无可奈何,就这样大家一起上山。烧炭最难。烧炭要掌握火候:封窑过早,木不成炭;封窑过晚,木已成灰。扛米最累。一麻袋米近两百斤,尹丽君踩着跳板把麻袋扛上大卡车。插秧最苦。三伏天日烈水炙,尹丽君插完秧,五六条蚂蟥钻得她脚都红肿了。

初到农村，知青散居在农民家里，后来每人总算有一间青瓦小屋。小屋极简陋，除墙基是砌山窑烧的青砖外，墙面是用田里黄泥夯就的坯砖砌成的。晚来寂寞，知青去县城看电影《卖花姑娘》，要走二十多里路。砍柴也如此，还要翻过两座山呢！

务农七年中，尹丽君当过代课老师。七年后山东德州招工，她选择做中学老师，教数学。

教书一年后，高考恢复了。同事钱江老师劝尹丽君去考大学，她没去。这时的她，上午听课，中午备课，下午上课，晚上温课。余暇，她撰写教学论文，攻读函授大学。在恢复高考第十年才拿到大学文凭，为此她无限感慨。这十年，她艰辛奋斗，生活充实。

山东省德州市党代表、德州市人大代表、山东省党代表、中共十五大代表、全国劳动模范、全国优秀教师……面对纷至沓来的荣誉，尹丽君说："江西务农的经历，是我曾经少年时的宝贵财富。它坚定了我从教的信念，使我懂得了珍惜……"

校长格言

善待自己，善待别人。

罗宇锋

父亲的话坚定了我的信念

上海市复旦初级中学坐落在沪西长宁区新华路一条幽深而僻静的弄堂内。主持该校校政的常务副校长罗宇锋日前接待了我们。彼此寒暄，问答，往事如画。

罗宇锋，三十多岁，江苏通州人，讲的是标准的北方普通话。他说："我在成长的关键时刻，得到了师长的帮助……"

二十世纪八十年代初，罗宇锋在通州的陵园小学读书。陵园小学是一所村校。每天早晨，家在村河北面的三个堂兄弟都会等候家在村河南面的罗宇锋，大家一起上学去。

读小学三年级时，罗宇锋在自修课上和女生打架。张老师进教室，把罗宇锋叫到办公室，没有直

罗宇锋

接批评他，只是送他一本杂志。一连几天，罗宇锋上课时就在课桌的小洞里看杂志。张老师知道这事后，告诉罗宇锋："这本杂志是送给你的。你应该知道在什么时候看它。"

在小学六年级的一次数学考试时，罗宇锋很快做完试卷说要上厕所，结果他爬到树上去玩了。秦校长看见后叫他下来，对他讲了一句话："这时的你是应该在教室里的。"

小学毕业，罗宇锋考取南通县中。报到时，他发现有个矮个子在教室里扫地，便喊道："你真积极啊！"走近一看，那是班主任。"来，你跟我一起扫地吧，"班主任说，"你愿意做班干部吗？""不想。"罗宇锋爱玩。他爱游泳、采莲、钓鱼、打球等，尤其喜爱下围棋。

秦自强老师教语文，课上同学被分成“秧田式”“马蹄式”“四人式”等类型的小组。同学们先自习然后由小组代表发言。秦老师问：“什么东西可比喻花？”答案众说纷纭。秦老师说：“任何比喻都是瘸子。”作文由同学互批，其评语又让大家逐一观赏。而后，秦老师才进行点评，给每篇作文打分。

在南通县中读高中。班主任张杰老师教物理。课上，张老师叫罗宇锋在黑板上画分压器电路图。这是《物理》电学章节的难点，罗宇锋画不出。张老师说：“我明天还要叫你画。”第二天，罗宇锋很轻松地画出电路图。

高中毕业，罗宇锋考取华东师大物理系。大学的寝室中北方的同学居多，彼此相处使罗宇锋的普通话讲得很好。

寒假里，罗宇锋去看望张杰老师。想不到张老师家人声鼎沸。见罗宇锋来，张老师对众人说：“这是你们的大师兄啊！”入乡随俗，方言乃出。这一夜，罗宇锋在张老师家睡着了。

从教多年，罗宇锋积极进取。民主党派欢迎这样的同志。为此，罗宇锋电询父亲，放暑假他回家再次征求父亲的意见。父亲态度坚决：“参加中国共产党。”没过多久，罗宇锋如愿以偿。

校长格言

积极面对生活，生活总会给你很多惊喜。

杨明哲

满怀深情回首人生每一步

话及青少年时代，上海市奉贤区古华中学校长杨明哲的感受是："回首往事，情深意长。"

父女情深。二十世纪五十年代初，杨明哲出生在奉贤庄桥。她的父亲在齐贤粮管所工作，月薪四十多元。对上，他要赡养年迈的母亲；对下，他要抚养四个孩子。每个周末，他总是骑自行车回家，把省下来的车钱买饼干给孩子们吃。农忙期间，他每晚十一点钟还在缝补麻袋，工作极其辛苦。他常对杨明哲说："对生活我们要加倍珍惜。"

母女情深。杨明哲的母亲出生时家境富裕，时过境迁，面对这个多子女的家庭，她吃苦耐劳，勤俭持家。家里有一串香蕉，母亲吩咐孩子："快拿给奶奶吃。"奶奶问："孩子有吃的吗？"母亲答："有的。

杨明哲

你吃吧！”一家人吃饭，一碗炒青菜端上桌，母亲告诉孩子：“把菜心留给奶奶吃。”杨明哲上学后，母亲叮嘱她：“好好读书，知识是别人抢不走的。”

师生情深。在潘一小学读书，杨明哲申请减免学费遭人质疑，因为她家有红木家具。但班主任蒋老师理解她。在庄行中学读书，班主任徐国宪教语文，他注重每节课的开场白。第一节语文课的开场白是：“学语文就是学语言和文字，就是学口头表达和书面表达。”同学有过失，徐老师就在课后找个地方和同学谈心。学校大扫除，徐老师就带头干，不多言语。

同学情深。上中学时，男生爱玩的游戏杨明哲也爱玩。一次，她看了阿尔巴尼亚电影《宁死不屈》后，学着男主角吹口哨。她有知心的女同学，其中一位中学毕业后还向她倾诉恋爱的遭遇。几十年后同学相聚，一位当乡干部的男同学对她说：“读书时别人问你抄作业你都给，就是不给我抄。”杨明哲说：“这事我早忘了。”“我可不会忘！”彼此笑谈往事。

兄妹情深。杨明哲有两个哥哥、一个弟弟。大哥小时候患肾炎,中学毕业他还是去务农。在一次开河中,他终于累倒了。弟妹们到大哥的生产队为他取口粮,还为他种自留地。杨明哲说:“大哥小时候不做家务。炖一碗蛋,母亲只许我们几个舀一调羹,剩下的都给大哥吃。其实,我们当初并不理解大哥,还联合起来捉弄他呢!”

校园情深。因为大哥、二哥先后务农,杨明哲十七岁便分进教育单位工作。她在芦泾中学教初中。唱歌、弹琴、打球,她游于艺,寓教于乐。她所教的第一届毕业班有十多位学生考取中师或重点高中。这业绩使她连带八届初三毕业班。教书期间,她还考出函授英语本科。学生家长称赞她:“我们的孩子是以你作为榜样努力学习的。”她以此自勉。

校长格言

学生鼓励我教书。

费建中

中学时代造就我多才多艺

上海市西林中学校长费建中，几十年前在金山县中读书。后来金山县中易地新建。现在西林中学的校舍，就是他当年求学的金山县中。

二十世纪七十年代初，费建中在金山县中读书。读中一时，他被分在七班。班主任方老师教语文。方老师来自上海市区，她身材高挑，服饰艳美，声音悦耳，能歌善舞。

上课前，方老师款款而行，同学们翘首以待。上课时，方老师声情并茂，教室里鸦雀无声。枯燥的课文，她能上得生动形象；深奥的课文，她能创设具体场景。她上作文课，或在课内讲，或在校外教。生活丰富多彩，写作妙趣横生。

同学进步了，方老师买笔记本奖励他们。而校

费建中

外方老师的宿舍，更是同学们的乐园。星期天，方老师或包馄饨给同学吃，或与他们一起出去玩。费建中是班长、语文课代表，也是方老师家的常客。

七班的各科成绩遥遥领先，还包括学校的各项比赛。一次，校长找方老师谈话："七班干部力量强，好同学多，要支援其他班级。"

费建中读中三时，方老师含着泪说："有些同学要离开七班了，我忍痛割爱。但我们还是在一所学校，天天能见面。"费建中等十几位同学就这样被分派到其他各班。这些同学不肯走，方老师说："这不行，你们还是有空来我家玩吧！"于是，费建中被调到十二班担任班长、校学生干部。

当时中学的学制为四年，初中、高中各两年。四年中，费建中先后参加校兴趣小组的类别有：美术、音乐、舞蹈、足球、物理等。

费建中画的油画《毛主席去安源》被美术老师挂在他的画室里；费建中跳的西藏舞经常参加巡回演出；费建中曾代表金山县足球队参加市级比赛……上海市舞蹈学校来校招生，经过层层推荐、层层测试、层层筛选，最终被选中者，唯有费建中……

许老师教物理。他上课，没有多余的表情，没有多余的动作，没有多余的话语。一堂课一黑板板书，从左上角写到右下角，字迹清清楚楚，行距整整齐齐。“这堂课就上到这里。”许老师话音刚落，下课铃响了。从来如此，毫厘不爽。费建中被许老师的课深深吸引住了，这使他爱上物理，并当上物理课代表。平时，他用零花钱买零件，自制矿石收音机和半导体收音机……品学兼优、多才多艺的他，年年被评为校三好学生……

在中学时代刻苦读书且有天赋的学生并不少，幸运的是费建中遇到了几位好老师。如今，他在昔日求学的中学任职。抚今追昔，他感慨万千……

校长格言

先学做人，后学做事。

王德广

饮水思源永远不忘掘井人

上海市北海中学校长王德广，他的少年时代是在黑龙江省杜尔伯特县度过的。

王德广的父亲毕业于东北师范大学，任教历史。二十世纪五十年代，他遭遇磨难而下乡务农了。全家从杜尔伯特县的他拉哈迁到僻远的敖林。

王德广出生于二十世纪六十年代中期。他排行第七：上有姊兄六人，下有一个妹妹。父亲受苦，母亲生病。大姐为母，操持家务。

父亲白天种地。晚上，孩子们总能看到，父亲花一个多小时，为母亲阅读报刊。大姐叮嘱弟妹："母亲生病，你们别惹她生气。"

王德广在敖林小学读书。初学数学加减乘除法，老师请他上课示范背口诀。他的学习成绩名列

王德广

前茅。其实,王家的孩子读书都很好。

王德广爱唱歌。一次他上台唱京剧,下台时鞋却跑丢了。王德广爱踢球。他在坑坑洼洼的球场踢球,足球乱飞了。王德广爱交友。他和吴保柱等同学一起玩,快乐极了。

然而不知何故,父亲再度下放。当马车拉着什物搬家时,父亲暗自流泪了。全家从敖林搬到更僻远的四家子大队,住在渔民家里。居室都是泥坯做的:泥砖、泥墙、泥桌、泥凳,窗子没有玻璃,用塑料布御寒。王德广还是贪玩:门前的月亮泡,水深齐腰;远处的草甸子,一望无际。夜月如镜,清辉照人。

王德广在敖林中学上初中。一次,他在课上指出老师讲错的题目,结果只得辍学。已成家的大姐接纳了他。白天,他为大姐带孩子;晚上,大姐和姐夫分别教他数学和物理……他是这样读完初中的。

二哥、三哥中学毕业，没有工作，只能在砖厂打短工。父亲勉励他们："要好好学习，'读书无用'的日子早晚会过去的。"

一九七七年恢复高考。不久，父亲重返校园，举家回城。而王德广也考取县重点杜尔伯特一中，上了高中。高中毕业，他考取哈尔滨师范大学化学系。

从恢复高考起，二哥、三哥、王德广及妹妹，相继考取大学。一天，父亲对他们说："你们这辈子一定不要忘记，是谁使你们有今天的，是邓小平！"

行文于此，再提一下。王德广有三位至交：小学及初中同学吴保柱（考取内蒙古大学）、高中同学任晓光（考取黑龙江大学，本科毕业后又考取清华大学硕士研究生）和大学同学刘春龙。几十年过去了，他们情深日密。吴保柱依然英气勃发，任晓光依然善解人意，刘春龙依然见多识广……他们都是恢复高考之后的受惠者。

校长格言

博观而约取，厚积而薄发。

诸正邦

忆往昔困难重重磨砺人生

少年时,他困难重重。他就是上海市南汇区澧溪中学校长诸正邦。

读书难。年近六十的诸正邦,出身于南汇横沔的一户农民家庭。诸家有六个孩子。诸正邦是老二,上有兄,下有弟,茅屋多居者。

在村校高西小学读书。诸正邦读到三年级时越读越累。夏夜,奚炫辉老师来家访。坐在煤油灯旁,奚老师和他谈了一个多小时。诸正邦问:“我现在努力,能行吗?”奚老师说:“当然行啊!”结果不出所料。

行路难。诸正邦的成绩一跃而上。从五年级起,全班转到横沔中心小学读书,他担任少先队大队委员,之后担任大队长。小学毕业,他考取县重

诸正邦

点南汇中学，住校读书。

窘困且路远，每月回家，安步当车。同学相伴，行程五十余里，他回家后手瘫脚软。返校时，他还要背米、什物等，任重而道远。遇到雨季，道路泥泞，赤脚前行，步履维艰。

住校难。每天早晨淘米，然后把饭盒放进笼屉，吃饭自己蒸。衣服在井边的水泥板上洗，被子在室内的乒乓台上缝，换洗均自理。

学校规定：早上六时起床，早操后上一节自修课，课后吃早饭；晚上八点半自修课毕，就熄灯睡觉。一位家住校外的走读生，晚自修天天捣乱，过后他就偷偷回家温习功课。一次，同学们用绳子捆住他，以示惩戒。

居家难。屋小，兄弟夜宿于邻舍；家贫，大哥辍学务农了。诸正邦竟也想辍学。班主任施锡正写信劝他上学。这封信，感动了父母，也感动了诸正邦，求学未中断。

一次，诸正邦生病。施老师买点心送到寝室，还吩咐同学："你们要照顾他。"挚友骆正福有好吃的就拿出来与他分享。初中毕业，诸正邦报考本校高中，骆正福却回乡务农了。

耕作难。录取通知久候不至，诸正邦就种地了。开学时，他拿到被误时的高中录取通知，犹豫再三。父亲对他说："家里再穷，你想读书我们支持你。"母亲陪他去上学。

在南汇中学读到高二，"文革"开始了。高中毕业后，他当了农民。一担粪，百余斤，男劳力三十米转挑，他因身体羸弱，前后接担者为他多挑十来米。务农的岁月，他备尝艰辛。

治学难。一九七七年恢复高考，诸正邦考取上海师大中文系。一次，他巧遇教管系的陈科美教授。陈教授对他说："看书要动笔。"受其影响，诸正邦看书有札记，专攻教育学。

大学毕业，诸正邦返回南汇从教，时至于今。五年前，他开始当校长。他常对师生说："治学，要发扬'亮剑'的精神，克服困难。"五年来，澧溪中学一年一层楼，成绩斐然。

校长格言

校长热爱老师，老师热爱学生。

施文龙

用老师传授的学问教学生

一所崭新的学校，一位年轻的校长：学校名为上海市奉贤区弘文学校，校长名为施文龙。本文且说校长施文龙——

施文龙，奉贤庄行人，年方四十。三十多年前，他在庄行中心小学读书。学校在镇上，他的家在乡村。每天上学，他要走将近一个小时的路程，晚归也如此。

班主任金哲民老师教语文。小学四年级那年，一次金老师选派施文龙朗诵诗歌，参加校区“六一”文艺汇演，放学后排练节目。他因回家路远，不想参加。金老师鼓励他，无效；把他叫到办公室再问他，还是如此。

下午五点过后，金老师又问他，他依然如此。片

施文龙

刻，金老师买好饭，说："你吃了饭再想。""我不吃。""你不吃老师先吃了。"

下午六点过后，天色暗了。金老师说："我是住校的。今天想不好，我和你家里打招呼，你就住在学校里。"施文龙妥协了。

朗诵诗歌，阅读童话，翻看连环画。施文龙是农家的孩子，家贫。午餐仅五分钱：两分钱买馒头，一分钱买榨菜；可省两分钱。一本连环画，厚的一角五分，薄的八分，租一本看一分钱。小学毕业，他竟购得一百多本连环画。

在庄行中学读初中，施文龙参加了由蒋辉耀老师执教的书法组。蒋老师指导他临颜字，推荐他参加奉贤县中学生书法夏令营；还为他搜集画册，希望他初中毕业报考美术类中专，可以让户口“农转非”。

当时，中专提前招生，录取分高于重点高中。一九八四年改了过来。这一年施文龙考取县重点奉贤中学。母亲只想让施文龙进中专，就去求老师，减分进中专。结果行不通。

在奉贤中学读高中，施文龙参加了由陆建国老师指导的文学社。他写的散文《家乡的小河》等选登在《扬帆》文学社刊上。其间，买书不间断，有古诗文、现代小说和朦胧诗等。

施文龙考大学，第一志愿是中文系，第二志愿是中文系，第三志愿还是中文系。

如愿以偿。施文龙考取上海师大中文系。读书期间，他是蓝潮诗社、秋石印社中人；诗印之余，兼爱摄影。当年在校报上发表的诗歌、摄影作品和青田石及《汉印分韵合编》等，成为他大学春秋的爱物。

大学毕业后，施文龙回到庄行，在庄行中学教语文。他带教书法组、文学社，用老师当年传授给他的学问教学生，成绩显著。六年后，他调到奉贤中学教书，并担任领导工作。三年前，他负责筹建弘文学校。弘文学校的教学质量，在奉贤区名列前茅；而施文龙本人，已是奉贤区的名校长了。

校长格言

追求教育的智慧境界。

沈　飞

往事依稀情到深处都是爱

上南中学东校校长沈飞，是上海崇明人。少年时的兄妹情、师生情、同学情，他记忆犹新。

沈飞年近四十，农家子弟。他在庙镇小学读书时，妹妹才学步。家里穷，盼过年，过年就有鱼肉吃。

过年前，生产队车浜捉鱼。鱼由队里按户配给。过年时，家里蒸糕吃。多余的糕放在屋外晒，晒干后放入甏内，平时吃。

一天，沈飞回家吃午饭。甏内无糕，碗中没菜，气得他甩坏了碗橱的门。这下子，他和妹妹都吓坏了。晚上父亲回家，妹妹不做声，直到父亲把橱门修好。事情就这样过去了。

沈飞在崇西中学读初中，班主任蔡志娟教英语。

沈　飞

沈飞有些调皮,但蔡老师总是原谅他、宽容他。沈飞是英语课代表,英语成绩全班第一,各科平均分位居班级前三名。初中三年均如此。

初中毕业前,每班挑选前两名的同学参加县重点崇明中学的预考。沈飞没轮到。一天早晨,蔡老师问沈飞:“学校又争取了两个名额,你愿意去参加考试吗?”沈飞不住地点头。经过两次考试,他进了崇明中学。

高中住读。一次夜自修,同学们笑声不止。突然走进一位老师,表情严肃:“不以为耻,反以为荣,还笑什么?”过后同学议论:“他是谁? 多管闲事!”几天后学校宣布: 他就是新任校长汤祖诒。

汤校长上任伊始,说:“我希望在下午四时以后,操场上的球满天飞。”上行下效,每天下午体育活动蓬勃开展。

高中毕业，沈飞考取上海师大历史系。

大学住读。同寝室有五位同系并非完全同班的同学。他们是：沈飞、赵俊明、汪辉、陈明华和朱惠南。朱惠南来自江苏靖江，家里很穷。赵俊明、汪辉家境较好，他们每周回家，带来东西大家分享。五人的饭菜票都放在抽屉里，随意取用。朱惠南每天为大家买早饭，节假日也不例外。

大学毕业前的一场足球比赛，沈飞代表历史系与中文系踢球，被中文系一新生踢得满脸是血，送到医院缝了十八针。正在毕业实习的朱惠南每天回寝室为沈飞买午饭。几星期后，沈飞回家，族叔见状，说要到学校为沈飞出气，被沈飞制止了。历史系领导张帼瑾不仅在沈飞伤病时看望过他，还非常关心他的毕业分配。为此，沈飞大惑不解。张老师说："就是因为这件事，使我进一步了解了你，所以毕业分配我首先想到你……"

往事依稀，情到深处都是爱……

校长格言

日日行，何惧千万里；天天做，不厌千万事。

高纪良

忘不了亲情情浓师恩恩重

上海市新农学校校长高纪良，他的家乡在上海金山区的南面与浙江省毗邻的乡间。

记忆童年。高纪良一九六二年生，下面还有一弟一妹。家中，爷爷最年长，八十五岁时还天天下地干活。高纪良回忆说："爷爷去世前一天，还在田里劳动。他热爱劳动的精神，激励着我。"

高纪良五岁时，因父母农忙，弟妹不会烧饭，他悄悄淘米烧了一锅饭。父母回家，为他能烧饭而表扬他。但高纪良淘的是糯米，把饭烧成了粥。糯米烧粥，口感不好。为此，父母既高兴又好笑。

外公能干，致富置业，后来一贫如洗，感慨尤深。他告诫高纪良："你一定要好好读书，只有知识是别人抢不走的。"母亲教孩子学礼貌："从上海到北京，

高纪良

'叔叔伯伯'叫个不停。"

求学时代。高纪良在横召小学读书,班主任陆全华老师教语文。她人美音甜,感染力强。高纪良是班长,学习成绩全班第一。

冬天打篮球,高纪良被篮球砸出鼻血,陆老师用她的毛巾为他止血。这是他读三年级时的事。高纪良回忆说:"一个老师的相貌、气质和言谈举止,其实也是一种教学的资源。"

课余,高纪良参加学校文艺宣传队。农忙时,宣传队送戏到田间。纵情放歌,欢声悦耳,集体活动,其乐融融。

在钱圩中学读初中。初二时,高纪良贪玩荒疏了功课,开始逃学。班主任张亚琴老师来家访,高纪良在放牛,不愿上学。张老师第二次家访,无效。第三次家访时,张老师对高纪良的父亲说:"你儿子基础很好,不读书是很可惜的。"话语诚恳,感人至深。

高纪良返校后，张老师为他安置床铺。他成了初中唯一的住读生。

热爱语文。一次，高纪良问教语文的徐老师："李白为什么伟大?"徐老师答："李白毕竟是李白。"高纪良先是一愣，继而笑了："如此解惑，思路开阔了。"

家贫，致使高纪良不想考高中。弟弟主动对他说："我初中毕业务农。你还是班长，读高中可继续深造。"

在钱圩中学读高中。高纪良在高二的一次语文考试中，只被扣了两分作文分，老师把他的试卷贴在墙上，当做标准答案。

高中毕业，高纪良考取上海师大中文系。大学期间，高纪良看书不已，买书不止。几年下来，他阅读中文类图书多达四百余种……

谈起往事，高纪良动情地说："人生的关键处，就这么几步路。如果没有亲人的支持和老师的关爱，怎么会有今天的我呢?"

校长格言

勤奋，高标准的勤奋，持之以恒的高标准的勤奋。

洪玉龙

沿波讨源想起老师一句话

三月的江南，日丽风和，树青湖绿。去上海市奉贤区金汇学校前，就听说过该校校长洪玉龙赴云南支教的事迹。和校长洪玉龙交谈时，话题便由此引出——

五年前。二〇〇四年五月，洪玉龙到云南省红河县(国家重点扶贫县)支教，历时四年。他先后担任红河一中副校长、校长。

那里是红土地，校舍就建在山坡上。教室、黑板、课桌椅，简陋至极。男女生一天的伙食费，在五角至一元五角不等。学生住校，半年回家一次。因为回家一次，车费将是其半个月的就餐费。家长舐犊情深，常来看望孩子。而他们的工作又苦又累。比如，妇女背上衬一块木板，背着一袋水泥，沿着山

洪玉龙

坡上山……

支教期满。临别时，红河县政府、教育局，专门开会表彰洪玉龙；临别时，洪玉龙把他的两箱书，赠给红河一中廖校长；临别时，洪玉龙勉励学生："你们要好好读书……"

十五年前。一九九四年，洪玉龙在齐贤中学教语文。学生的考试成绩超过县平均分，但他不满足。他常对学生说："你们要好好读书……"他边教书，边读书，四年后获得了大学本科文凭。

二十五年前。一九八四年春，洪玉龙在奉贤师专读书。初中毕业于齐贤中学，他考取师专，户口农转非。父母特意为他买了一只蓝帆布行李箱，送他出村，目送他进县城上学。

每月领十几元助学金。洪玉龙省吃俭用，饭票有盈余。周末，他买面包给弟妹吃；过年，他买年糕给父母吃。洪玉龙周六回家，母亲周一起得早，煮几个鸡蛋，让他在上学路上吃。

程云华老师上政治课，他勉励学生："你们要好好读书，不断充实自己，完善自己。这将使你们一生受益。"一九八四年秋，洪玉龙当了教师。他边教书，边读书，四年后获得了大学专科文凭。

三十五年前。一九七四年，洪玉龙在余行小学读三年级。他是班长、语文课代表，语数成绩全班第一。陈雪娟老师经常表扬他。

陈雪娟老师是班主任，任教语文。她个子不高，衣着朴素，话语温和，善于表扬。她在家访时，当着其他家长的面表扬洪玉龙；她在办公室，当着其他老师的面表扬洪玉龙；她在教室里，当着全班同学的面表扬洪玉龙。陈老师经常勉励学生："你们要好好读书……"

四十五年前。一九六四年三月，洪玉龙出身在奉贤齐贤一个贫苦农民的家庭。我们见面的那天，正是他四十五岁生日过后的第三天。那天，他说："我在云南支教，常想起自己的童年，常想起老师的话语……"

校长格言

学习中汲取营养，实践中完善自我。

李应池

山高水长教师恩深情似海

长江滚滚东流，经嘉鱼而北上，过武汉而南下，至鄂州又向东流去……上海市嘉定区方泰中学校长李应池，四十一年前就出身在湖北鄂州沙湾村的一户农民家庭。

李家极贫困。父母生了十几个孩子，仅存活七个。李应池排行第五。他五六岁时，跟着姐姐到生产队仓库去上小学。“教室”里坐着几十个人，他不敢进去，坐在门外的石板上旁听。

教汉语拼音。坐在里面的学生读不出，李应池却大声念起来。老师听到外面的声音，请他进来，说：“你每天都可以来上学。”他坐在第一排边角的大方砖上，开始上学了。

这位恩师叫余书洪。他个子不高，背着黄挎包，

李应池

清晨从镇上走来，翻山，跨溪，走田埂，形象越近越高大。李应池盼老师望眼欲穿。

第二年，李应池到长岭镇沙湾学校读书，直到初中毕业。小学五年，每学期一元五角学费缴不起。他靠捡布片、废纸去卖，每次有点钱了就给老师，自食其力缴学费。

每天早自修，他要领读；每天早锻炼，他要领操。大队十九个生产队的孩子，都在这所学校读书。每次大考，大队部墙上张红榜公布年级前六名的考生，李应池总是榜上有名。

李应池初中毕业，考取县重点崇阳一中。全大队唯独他一人，在县城住校读高中。

黄毓丁老师教物理。一道题抄在黑板上，然后提问；解出后又提问……一题八问八解；分析所有的考点及相关内容，并以题型来串讲物理的体系。听这样的课，学生叹为观止。

李应池每周回家带一罐咸菜、一罐豆瓣，以此佐餐。饭票是从家里背米来兑换的。一次他米不够，班主任陈林华老师为他代付。陈老师常送衣服给他，常塞钱接济他，有一次竟给了他二十元钱。

陈老师住在学校，他的儿子与李应池同班。李应池是班长、团支部书记、年级学习尖子。想不到高考预考时，他却晕倒了。他醒来时，在医院陪伴他的是陈老师。他出院后，陈老师与他同睡一床，而让儿子睡在外面，便于照顾他，让他安心参加高考。

有感于教师的爱，李应池立志当教师。一九八六年，他考取武汉师院。大学期间，他担任校学生会主席、团委副书记。大学毕业，他被分在省重点广华中学教书，业绩突出。

来沪工作八年。去年中秋，上海市嘉定区安亭镇领导，赴湖北鄂州沙湾村，慰问李应池年届耄耋的父母。一方水土，两地情思；千里迢迢，朗月清辉。长江滚滚东流，经嘉鱼而北上，过武汉而南下，至鄂州又向东流去……

校长格言

教师的神圣和崇高，就在于他的举手投足之间。

周国均

教育就是雕琢心灵的艺术

时光在回忆中倒流。对校长周国均来说，上海市金山区山阳中学，既是他现在工作的地方，也是他当年求学的地方。

周国均在山阳中学读初中。他毕业于汀南小学。那时学校养兔，学生每天要交给学校一篇青草。青草满篮，谁都不甘落后，有童趣。

许跃观老师上语文课提问不断，“请你来说说，快说说”，课上活了。组织学生扫墓，他布置了作业。周国均作诗一首：“革命烈士洒鲜血，百姓怀念皆称赞。你们热血没白流，祖国前程更灿烂。”课内课外，许老师赞不绝口：“周国均的诗写得好，就是好！”

周国均在山阳中学读初中。初一多次统测，他

周国均

位居榜首;数学满分,仅他一人。这就引起顾申予、吴永祥老师对他的关注。

顾申予老师教语文。她是上海市区人,人高而瘦,音甜而美,字坚而劲。学生日闻其言,每有所得。一次,顾老师对周国均说:"明天请你上台讲课。"周国均讲课一般,顾老师安慰他:"慢慢来,以后多讲讲。"

课后,顾老师把《钢铁是怎样炼成的》等书借给周国均,并对他说:"学语文,光看课本还不够,要多看课外书。"教室里设一图书箱,顾老师把钥匙交给周国均保管。同学借书、还书,都由周国均负责办理。

周国均在山阳中学读初中。吴永祥老师上数学课,上课前他将帽子脱下,端放在讲台上。班长"起立"喊声太轻,吴老师请体育委员周国均来喊。课后布置十二道题目:十题必做,两题是出给学有余力的同学做的。

吴老师一专多能，作息有规律。每晚八时半睡觉，早晨四时半起床，天天步行上下班；不抽烟，不喝酒，不应酬；食堂就餐无残羹，饭打多少吃多少；身体结实，精力充沛，从无病假；带班级全校第一，教数学地区榜首，领乐队走出国门……

一次春游，某女生要把吃剩的面包扔掉，吴老师说："拿过来，我来吃。"有的同学取笑他"吃这种面包"，吴老师说："虽有嘉肴，弗食，不知其旨也；虽有至道，弗学，不知其善也。"

周国均读书成绩优秀，但初中毕业时他想务农。吴老师步行三刻钟走到他家，说："这是我第一次家访。你读书好，为什么不考？"一九八一年，周国均考取师范学校，与"教师"结了缘。

往事重温。两年前，周国均担任山阳中学校长，和吴永祥老师已共事多年。他说："吴老师从师范学院毕业后，五十年来一直在山阳中学工作。他是上海市劳动模范、艺术教育特级教师。他对自己的要求是：'做一名让学生喜欢的老师。'他做到了。"

校长格言

做一名让学生喜欢的老师。

刘玉华

父亲的话改变了我的一生

上午到上海市实验学校附属光明学校，离校时已是暮色四合。——那天下午，我们和该校校长刘玉华见了面。

——这是一个宁静的下午，这是一位年轻的校长，这是一次短暂的交流。

好强的孩童。刘玉华从小生活在南汇书院的乡间。他的父亲是干部，母亲是农民，家境尚可。父亲的居民身份和言谈举止，令村民敬慕。兄姐在上，刘玉华最小，也最顽皮。一九七六年，六岁的他开始上学了。

乡校没有围墙，可以到处玩。他在操场蹦蹦跳跳，把学校烧水的煤炉撞翻了，老师不怪他。他还把算盘翻置于地，放上书包拖着玩，上课时算盘珠

刘玉华

滚掉了。听课，他一听就懂，成绩很好，就是坐不住，贪玩。

玩的花样很多，捉迷藏、滚铁圈、摔跤、踢球、打弹子等。玩的场所很多，开阔的仓库场地，广漠的乡村田野，平远的河流港湾。路上骑车，岸边射物，河中游泳；骑车有趣，射物有味，游泳有乐。刘玉华是孩子王，好胜且爱玩。

勤奋的少年。小学读完了，初中读完了，去上高中时，父亲送他上学。一路上，他们骑着车，父亲说："我抚养你到二十岁，你要认真读书，考不上大学自谋出路。"话轻轻，意重重，车缓缓，路迢迢……

读高中时，刘玉华认真听课，勤于思考。他是化学课代表，他感叹："化学的世界很新奇！"语文课上莫泊桑的《项链》，他对女主人公的评价，受到老师的夸奖。英语课上，对答如流，他被老师称为"小才子"。

班主任董德民老师常跑教室，学生怕他，爱他，想他。他那严厉而慈爱的目光，不可或缺。高考前，学生填志愿都去向他询问。慈爱有方，润物无声。在老师的影响下，刘玉华填报师范院校，立志做一名教师。

快乐的学子。一九八七年七月七日高考，作文题为“五十年前的今天”，要求学生写一篇议论文。刘玉华以为，农村的学生写这篇作文，优势比城市的学生少。但他还是考取了上海教育学院历史系。这一年，他十七岁。

郭景阳老师教历史，板书从左至右写下来，然后用线勾画，一节课一张表，“图表教学法”是郭老师的妙招。听了大学老师的讲课，刘玉华对照高中时代所学的知识，他认为：“各学科之间，知识有其相通之处。”求知若渴。

五年前，高中同学首次相聚。刘玉华是主要召集人，他把班主任董老师请来了。师生相聚，温馨满怀，回味无穷。

那天下午，刘玉华说：“我从现在看过去，那次父亲送我上学的情景，如在眼前……”

校长格言

让学生拥有快乐的童年。

李 铭

忆往昔师长爱重父子情深

李铭，大团初级中学校长。大团初级中学坐落在浦东南汇大团镇上，大团高中的原址就在这里。李铭在此求学，是二十世纪八十年代初的事情。往事如诗、往事如歌、往事如画，慢慢地展现出来——

可敬的老师。李铭七岁前，生活在外婆家。他从七岁起开始上小学。当时，南汇县三墩小学一年级只招两个班。顾秀芳老师教一(1)班。学生们早就听说顾老师课上得好，待人和蔼，都想进一(1)班读书。

开学第一天，七八十个同学挤在(1)班，李铭也在挤。他想择班，却未能如愿。“嘀铃铃，上课了。同学们，请进教室。”上课前，顾老师站在教室门口，衣着简朴，嗓音悦耳。李铭目有所见，心有所仪，情

李 铭

有所思。

李铭是一(2)班班长,读书孜孜不倦,成绩班级第一。他读四年级那年,作文获奖了。学校在三墩镇大礼堂召开颁奖会,他上台领奖。奖品是一本书《龙梅和玉荣》,扉页盖上学校的公章。当年一番盛况,于今几多怀恩。

读初中时,李铭在班上第一个得到礼物,那是潘富良老师送的。潘老师教语文,学生有进步,他就自己花钱买笔记本,并写上一句话赠给学生。许多年后,李铭当了教师,要求自己这样做;当了校长,要求教师这样做。

张仁贤老师在大团高中教语文。有人上文言文课不动手,他就追问:"你的笔呢?"他要求学生每周必须背一篇古文。发现图书有差错,他修书一封。出版社收到他的信后,回信是:"尊敬的张老先生……"其实,他年纪不大。

可念的父亲。李铭出身于工人家庭,家居于乡间农舍。李家四个孩子中,李铭最小。每天晚上,夜阑人静,父亲还在伏案工作。李铭感到奇怪,父亲对他说:“一丝一毫虽微乎其微,但工作不能有丝毫的差错。”

父亲对李铭关怀备至。读高一时李铭数学无优势,父亲支招,他的成绩提高了。李铭考取大学后,父亲与他通信。鸿雁往来,父子情深。父亲曾嘱托李铭:“你要好好照顾母亲,关心哥哥……”李铭一一照办。

可爱的儿子。一次,李铭请就读初中的儿子给他提意见。儿子说:“我坐您开的车,有时遇到他人不遵守交通规则,您性急了……”一次,李铭问儿子:“你捐款为什么比其他同学捐得多?”儿子说:“爸爸,其实人家是很苦的……”

记得儿子七岁那年,一次亲友相聚。李铭问儿子:“你工作后,会买烟酒孝敬爷爷吗?”儿子说:“不买!”李铭喝问:“为什么?”儿子答:“孝敬爷爷是应该的,但抽烟、喝酒不好,所以我不买。”李铭听后,这才笑了。

校长格言

热爱教育,善待师生。

张步华

人生的经历是宝贵的财富

张步华，上海市宝山区教育局副局长、行知中学校长。他干练、稳重的处事，随和、亲切的交谈，从容、镇定的神态，是与他在青少年时代的经历有关的。

张步华出生在二十世纪五十年代中期。他在上海读小学，但“文革”开始在他读初中时。同那个时代的人一样，他满怀理想和憧憬。一九七一年，十七岁的张步华毅然离开上海，远赴黑龙江三江平原腹地建三江农场，去奉献自己的青春年华。

第一天割黄豆的劳动终生难忘。想不到黑龙江九月间风雨潇潇，寒气刺骨，薄冰盈寸。张步华手握镰刀，站在齐腰高的一望无际的黄豆地里，繁重的劳动使他的脚麻木了，雨鞋、袜子陷入泥泞中不

张步华

知去向。但大家还是拼命割，拼命赶，争先恐后。雨水气、泥土气和豆萁味、汗碱味混合在一起，这就是劳动的气息与滋味，恒久如新。

农场的知青来自全国各地，有北京的、天津的、哈尔滨的、上海的。学习各地方言，进行交流沟通；善听多闻，关系融洽；在集体的生活中朝夕相处，在艰辛的劳动中患难与共。

张步华每天工作十几个小时，常年吃土豆、萝卜、大白菜。冬天呵气成雾，就在零下四十多度的冰天雪地里劳动；夏天割麦时，蚊虫触摸皆是。记忆中最苦最累的活是扛麻袋装车。卡车停在粮囤旁。四个人分工：两人在囤上挂包，一人扛，一人接包。一麻袋黄豆二百多斤，张步华踩着三级跳板把它扛上去。从早到晚，四吨的卡车装了八车。

理想和现实反差很大，劳动的艰辛渗透在生活的每时每刻。

为此，张步华坦然面对，积极进取，奋发有为，他用行动作注解。想不到农场也举办各种文体活动。张步华在校读书时担任过校足球队副队长，又跟名师学过吹笛。他文体兼擅，能歌善舞，因此而成为农场的文艺骨干。

用真诚待人和踏实工作赢得别人的尊重。务农四年后，经过连部、团部的层层推荐，张步华进了师范学院外语系，就读英语专业。从英语字母开始学习。惜时如金，张步华苛求自己一小时啃一百个单词，晚上背出白天所学的内容，次日清晨温故知新。这种迎难而上的精神，是他在农场劳动中锻炼出来的。正因为学习成绩优异，他毕业后，被分配在大学里担任英语教师。

二十世纪九十年代初，张步华回到阔别二十二年的上海，继续从事教育工作。“捧着一颗心来，不带半根草去”。陶行知先生的格言，对行知中学校长张步华来说，体会尤深，而“行知人”也有深刻的体会，他们共同践行之。

校长格言

人生的经历是宝贵的财富。

张志敏

爱心无价一生难忘三本书

上海市格致中学校长张志敏，他在青少年时代所读的三本书，至今难忘。

张志敏，祖籍上海南汇。其母亲备尝艰辛，养育三个孩子。一九六二年，张志敏寄宿于祖母家，在南汇六灶上小学。

从上海市区来到南汇乡间，流水淙淙，轻风习习。与农村同学一起钓虾，张志敏总是空手而归。探问诀窍，无人告知，他不沮丧。夏夜蛙鸣四起，他瞒着祖母溜到水渠边。几小时后，他钓起一只大甲鱼，喜笑颜开。

一次因人误传学生辍学了，教数学的蔡老师冒雨家访。蔡老师是上海市区人，满头银发，金丝眼镜，着装淡雅。当她拎着一双皮鞋，赤脚站在张志

张志敏

敏面前时,“知识分子”这个形象,就在张志敏心中定格了。

家里很穷,母亲治家不求人。家具坏了,她自己修。张志敏在上海市金陵中学读初中,唐鲁峰老师知其家境后,催促道:“你为什么不申请减免学费?”这话语使他心中充满感激、温暖和光明。

语文课上,唐老师说:“一个人一生中要爱读一本书。”张志敏爱读歌颂王杰的诗集,还写诗“抬头望高山,低头看海洋。山中铁锤叮当响,王杰施工在山上”。唐老师对他说:“你诗句写得很好,但视点定在哪里?”他恍然大悟。

初中毕业后,张志敏去黑龙江生产建设兵团务农。他读西班牙作家伊巴涅斯的长篇小说《血与沙》,被书中出身贫苦的斗牛士加拉尔陀为改变命运而奋斗的精神所感动。这使他在艰苦的屯垦戍边中树立了信心。

在连部担任通讯员，张志敏坐马车或乘拖拉机送信件，从早到晚，风尘仆仆。老班长李子芳年长张志敏十多岁。每当夜幕降临，他就叮嘱妻子："快下面条，小张回来要吃的。"夜寒一碗面，心暖三春晖。

一九七九年，张志敏回沪后在建平中学教语文。外语教师刘竹人（刘佛年教授之子）带来苏霍姆林斯基专著《爱的教育》。张志敏读后有感："教育对一个人的影响，可以改变人生；既可以改变自己，还可以感化他人。"

喜爱文学，深爱诗歌。古代诗歌中文天祥的《过零丁洋》，现代诗歌中臧克家的《有的人》，这些课被张志敏上得有声有色。第一次领到工资，他寄给祖母五元钱。而每当教师节，他总要去看望自己的老师。

日前，张志敏终于打听到李子芳住在四川省剑阁县，他要去看望阔别三十多年的老班长。顺便提一下，张志敏寄给祖母的五元钱，祖母用手绢包好。她常对人说："这是我大孙子寄给我的。"现在，她人已谢世，而钱犹在。

校长格言

人生贵在坚持。

颛孙长宗

上海就是我的第二个故乡

特级教师颛孙长宗，安徽萧县人。二十一世纪初，他从安徽来上海任教，前不久担任上海市闵行第三中学校长。春涵九年路，秋盈少儿心。那天下午，他满怀深情地说："感谢上海这座城市接纳我……"

艰辛的童年。一九六三年，安徽萧县洪水暴发，淹没了庄稼。年仅七岁的颛孙长宗，与哥哥姐姐一起，跟随父母漂泊异乡。他们流落到安徽濉溪。濉溪在萧县的西南面，行程百余里。一路上，他们风餐露宿，举步维艰。

在一个村庄居住，不久又被迫迁到另一个村庄；在一所小学读书，不久又被迫迁到另一所小学。同被称为"外流"的四位同学，常在一起玩。因为又要

颛孙长宗

搬家，颛孙长宗只能与其他三位同学分手了。

在生产队仓库里安家。冬天，把小麦草剁碎，颛孙长宗和哥哥合盖一条被子，睡在草堆上过夜。村上的小学，一至三年级学生竟在一间教室上课。父母哀叹家境，忧虑子女。颛孙长宗立志发愤读书，改变自己的命运。

苦难的少年。公家收干草(割三斤半鲜草晒一斤干草)，颛孙长宗一年割七千斤干草，赚钱三十五元，贴补家用。一车粪二百多斤，要靠几个同伴一起推。割稻苦累且无闲，而放几百只羊，他反而有空看书了。

读初一时，颛孙长宗目睹父亲被误斗，欲哭无泪，欲辩无言。读初二时，一天语文老师徐思贤对他说："长宗，我马上要调走了。你是穷苦的孩子，家境又不好。今后谨慎处世，自己照顾自己。"恩师走了，余音绵绵。

两个村十八位初三学生，唯独颛孙长宗考取高中。读书时，他被徐平同学关切的目光、体贴的话语和无私的帮助所感动。岁寒萤雪，春温琼华。高中毕业，参军、招工等颛孙长宗都轮不上。他整理书本，边打工边自学。

有为的青年。在符离集镇中学代课，月薪二十五元，他省下十元寄回家。一年后去淮北市发电厂打工，他白天上山拉石头，晚上在工棚里看书。寒暑易节，持之以恒。两年后(一九七七年)恢复高考，他考取大学。

教数学分析的叶剑平老师，上课严谨，博学多才。一天，叶老师问颛孙长宗："你看师母长得美吗?"他无言以对。叶老师说："她相貌次，学问浅，地位低，但她是在我困难时嫁给我的。你要理解她，欣赏她，尊重她。"

颛孙长宗大学毕业后一直从事教育工作，今年五十三岁，现为上海市督学。自一九八三年到二〇〇九年，他在全国各地发表数学论文五十三篇。岁月悠悠，人生匆匆，五十三年就这样过去了。

校长格言

求学不已，自信不已，自强不已。

金育宏

人生历练自我要求提高了

一路颠簸，一路拥堵，一路风光。车近上海市坦直中学，道路坦直而开阔。进校，登楼，会聚；倾听，交谈，感念。校长金育宏，上海南汇人，年纪四十开外，语言平而缓。办公室里，窗明几净，不见赘物；回忆声中，情深意长，无一废话。

先说王敦甫老师。当年，金育宏在南汇县盐仓中学读书。上新课时，王老师总是先用浦东话（南汇方言）朗读课文。学生听过后，亲切感油然而生，课文很快读熟了。农家子弟普通话讲得不标准，王老师化而解之。

地上多柳枝，金育宏捡起来与同伴追逐嬉戏。虽在课间，王老师不依不饶，立刻制止，还罚他俩扫地一周。扫地不已，羞愧不止，后悔不迭。金育宏

金育宏

说："原以为自己表现不错，想不到还有过失。这事对我触动很大：什么事该做，什么事不该做……自我要求提高了。"

再说唐乃仁老师。一九八三年金育宏考取刚创办高中的南汇二中。因为进校时考分优异，他当了班长。班主任唐乃仁是一位刚从大学毕业的新教师，教化学。一段时间后，彼此的角色仿佛就定下来了。

不久，班级开展竞选班长活动。教室布置一新，师生就座台下，会场寂然无声。多位竞选者，一一上台演讲，然后开始首轮投票。那时的农村学生，都不擅长演讲。金育宏上台演讲，脚在抖，手在抖，声音也在抖。

当场投票，唱票。第一轮通过了，第二轮总算通过了，第三轮他以微弱的优势胜出，继续当了班长。金育宏说："原以为这班长，是班主任要我当的。这事对我触动很大：当班长是一种责任,我要做好这份工作……自我要求提高了。”

工作中的第一件事。金育宏以全校第三名的成绩考取大学,本科毕业后在南汇光明学校工作。教初中数学,他很自信。不久,他上了一堂公开课。评课时,张老师提出意见,还说:“正因为你是新教师,我才讲这些话。”金育宏说:“原以为自己课上得好,事实并非如此。这事对我触动很大:我的研究尚浅,要学的东西很多……自我要求提高了。”

工作中的第二件事。四年后,金育宏调到盐仓中学教书。一间办公室五六位教师,他每天早晨扫地,泡开水。三年后,他被任命为教务处副主任。金育宏说:“我乐于做些事,领导竟提拔我。这件事对我触动很大:优秀教师不少,我要好好学习……自我要求提高了。”

那天下午,金育宏说:“我成长的经历中,遇到很多事。但这四件事对我触动很大,讲出来与青少年朋友共勉。”

校长格言

一事一悟,体验快乐。

黄　健

早晨的阳光照亮人生前程

黄健，文来高中校长。十四年前——一九九六年八月二十日早晨，他从家乡安徽省芜湖市南陵县家发乡起程，前往上海市七宝中学，担任语文教师。那天清晨，杨斌租了一辆卡车，专程送黄健来沪工作。

黄健和杨斌是小学、初中、高中的同学。在盛桥小学读书时，黄健和班长杨斌是亲密无间的至交。之所以如此，是因为双方的家长有过在同一所学校从教的经历。世交之情深厚，又荫及子女。

黄家四个人：父亲长期在外工作，月薪三十多元，后来当上县委干部；母亲带着两个儿子在农村生活。一次刮台风，茅屋顶被掀去一半，三个人抱成一团，相依为命。黄健是长子，当时他年纪虽小，

黄　健

却很懂事。

在家发中学就读初中和高中。黄健读初二时，成绩很一般。教语文的赵老师，试着让进步快的同学坐在前排。一学期试下来，黄健的数学成绩考到年级第一名。坐在第一排，黄健笑了："只要努力，我也行！"

张老师是作家刘白羽的亲戚，她对黄健关怀备至。一次，张老师对黄健说："你一定会超过你父亲的。"黄健父亲时任乡干部。听到这话，黄健很惊讶。他说："唯有以不断的进步，回报老师的殷切期望。"事实也正是如此。

一次，杨斌遇到极难过、又难说的事情，他要倾诉。锡泊山上，奎湖望远；树树深又浅，山山晴复阴；对景无语，唯有流泪。这时，黄健成为他唯一的倾诉对象。真情浓浓处，愁绪淡淡出；人生有知己，行道多坦途。

在高中文科班读书，班主任许友发教语文。高三摸底考，黄健跌到班级十六名。许老师叹道："你也不行，我班怎么办？"黄健一惊："我那么重要？"于是他秉烛夜读，以县文科第三名的成绩，考取阜阳师范学院。

一九八一年秋，黄健进阜阳师院中文系读书。第二年春天的一个早晨，王文争来看他。他是黄健初中的同学，在阜阳军分区当兵。两人一见如故。假日，黄健步行十余里，去军营看望王文争。夜宿军营，时短情长。

读大学时，黄健和杨林睡上下铺。杨林是班长，处事周到。大学毕业后，黄健在南陵师范学校教书，杨林去安徽省劳动厅工作。冬天的一个早晨，杨林来看黄健。惊喜之余，黄健和他一起到学校对面的小粥店吃粥……

一九九六年八月二十日下午，七宝中学仇校长委派校办公室主任迎候黄健。车到后，杨斌和司机忙着把车上黄健简陋的家具搬到校园外六层楼工房的顶楼。此时此刻，黄健的生活又翻开新的一页。

校长格言

助人为乐，感受幸福。

付炳建

在母亲的熏陶下茁壮成长

克一河，内蒙古大兴安岭深处的这个小镇，虽然隶属于鄂伦春自治旗，却紧邻其西面的额尔古纳左旗。上海市松江区民乐学校校长付炳建，他的青少年时代，就是在克一河这个小镇上度过的。

付炳建，一九六七年生。他的舅舅是革命军人，解放战争三次重大战役他参加过两次，后来又参加抗美援朝，长期在外。他的母亲是国家干部。孩子们从小与母亲一起生活，是聆听母亲的教诲长大的。

在莫冷格学校读小学和初中。读二年级时，班主任郑玉霞布置一道时政题。付炳建回家后和母亲一起做，一个晚上写满一本新簿子。第二天能交上作业的，全班唯独付炳建一人！付炳建长叹："题目太难了！"

付炳建

付炳建八岁时，负责看护四岁的妹妹、三岁的弟弟。父母节省了请保姆的开支，把钱记在付炳建的账上，累计百余元。当然，钱是由母亲支配的，最后贴补家用了。而付炳建所得到的，是与弟妹的融融亲情。

母亲给孩子们讲故事："有个顽童爬在树上玩耍，秀才喝止他不听，于是秀才就夸他，而武士则训斥他……"母亲边讲边提问："秀才和武士，其角色各有什么寓意？"听故事多回味，孩子们各抒己见。

吃饭时有人掉饭粒，舅舅捡起就吃。孩子们很奇怪。舅舅是南征北战的军人，他说："打仗条件艰苦，经常没有吃的。'锄禾日当午，汗滴禾下土。谁知盘中餐，粒粒皆辛苦！'你们读这首诗，有过体会吗？"

读初二时，有的老师上课照本宣科，付炳建有倦意了。母亲知道这事后，告诫付炳建：“‘三人行，则必有我师。’你不尊重老师，听课会认真吗？”当面责子，背后交心，这是母亲的庭训。

黑板上一道求极值的题目，付炳建发现王葵芬老师算错了，便举手质疑。王老师不以为然。付炳建记下题目回家后验算。想不到第二天王老师当众坦言计算有误，还问其他同学：“你们为什么不敢质疑？”听者为之动容。

北方四季分明：春山如笑，夏山如怒，秋山如妆，冬山如睡。采蘑菇、掏鸟蛋、逐野兽、打雪仗，翻山越岭，探奇访胜。大自然是孩子们的乐园，也是孩子们的母亲：强其骨、丰其肉、健其身、励其志，其乐无穷。

十五年前，付炳建从内蒙古来沪任教。六年后他担任松江区九亭中学副教导，一年后又担任校长。领导夸他“本质好，潜质足”。他说：“我当了校长，不辜负领导的重托。”两年前，他担任民乐学校校长，时年四十岁。

校长格言

幸福是一种自我的体验。

柏金华

立志从教为师不忘童年梦

上海市青浦区金泽中学校长柏金华，他的家乡就在青浦西面北临淀山湖、西近苏浙两省交界处的金泽镇。这里，河港密布，景色秀美；这里，曾是他求学的地方；这里，现为他工作的地方。

出身贫寒，但不畏贫寒，柏金华在父亲的身上汲取力量。于今四十五岁的他，历数父亲所做过的电工、外线员、公社广播站播音员、电焊工等工作，对父亲的从业精神和生产技能，敬重有加。母亲朴实无华，可亲可爱。

龚家庄中学，是他初中的母校。一九七七年，青浦县初一学生英语统考，金泽地区名列榜首者，就是柏金华。教英语的张彩娟老师，请他谈心得。他自述从小跟电台学英语的经历。兴趣相同，师生交

柏金华

流频繁。

夏天午睡课时，他溜出去游泳了。那天下午，张老师问他："你刚才在哪里？"他不敢说，半小时后仍然如此。张老师说："你那么热爱学习，为什么不愿对我讲真话？"每当忆及此事，真情感动人心。

上课时，张老师对同学们殷切期望："你们要好好学习。十年二十年后，你们的机会肯定比我多得多。"家访时，柏金华对张老师深情言志："我要像你一样，选择做教师，教好我们这个农村地区的孩子。"

应敏芬老师教语文，重视读音、书写和口头表达。她鼓励同学："不要怕写作。生活中到处有素材，只要你用心去发现。"见他作文进步了，应老师马上表扬他。原先他一直怕写作，为此却爱作文了。

朱家角中学，是他高中的母校。刘文刀老师教语文，激情如湍急的河流，朝辞白帝，暮到江陵；从不管课堂纪律，却没有学生走神；端端正正的楷书，真真切切的讲述。听刘老师上课，是一种美的享受。

程度老先生教语文，有异于他人者，是串讲古诗文的深入浅出。程老师上课不断提问，倾听多位同学发言后，称赞其中的一位同学："你比我讲得还周到。"程老师不批评同学，始终关注每个学生的听课反馈。

王学泰老师上几何课，主体板书写在黑板左上角，精简而硕大，最后一排同学也看得清清楚楚，并一直保留到下课。辅助板书虽然要擦掉，但只擦一次。他这样做，为的是不让第一排的同学多吃粉笔灰。

读高中时，柏金华外语成绩为年级第一。父亲要求他考大学填报动手能力强的专业。教英语的班主任黄志琼也有所建议。反复权衡后，他报考了上海师范大学化学系。童年想当教师的梦，就此实现了。

校长格言

人的一生，永远在起跑。

薛德林

在劳动中感悟社会和人生

南俯壮阔的杭州湾，背靠金山石化城，上海市民办金盟学校，已走过坚实的十年。校长薛德林，既是学校起步的开拓者，也是学校发展的见证人。日前，我们谈到另一个话题，就是他在求学时代不断进步的成因。

一九七四年春，八岁的薛德林就读于新民小学。班主任何宝芳恰巧也是他父亲的老师，感觉很亲切。何老师到校早，离校晚，累月经年。傍晚温课，天黑了，何老师就把薛德林护送回家——何止送他，还送其他同学。

两年过去了，薛德林成绩有所提高。三年级的数学由退休教师沈老师任教。沈老师家在上海市区，长期住校。她的宿舍清香阵阵，启智益思。薛

薛德林

德林受惠甚多,却一直不知道沈老师的名字,他很遗憾。

瓦屋低矮,墙上贴满薛德林荣获的奖状。弟妹的奖状,父亲没有贴。老师们认为薛德林考重点中学是十拿九稳的。结果他考取张泽中学,离县重点松江一中的录取线只差一分半。父亲为此默默无语。

张泽中学每年分一次班,提高班学生可以住读。薛德林分在平行班,每天读书来回步行六公里。地旷路远,人困体乏。天天走,天天想,天天许愿:“我一定要成为提高班中的一员。”一年后,他如愿以偿。

暑假干农活。队长吩咐薛德林和另两位同学下午挑完三亩地的稻子。地湿稻沉,路长担重;肩支腰撑,苦累连连。收工时满身污泥,回家后倒头便睡。一觉醒来,他感喟不已:“读书真幸福!”从此,他发愤苦读了。

第一次到上海市区，薛德林作为松江县的中学生代表参加“攻关红旗手”（数理化）竞赛，他荣获上海市一等奖。初三毕业，他以高分考入安亭师范学校。他回家把喜讯告诉母亲，请母亲转告父亲。

去安师报到的那天，班主任杨惠琴帮他缝被子。在校就餐他吃不饱，回家背米却被杨老师发现了。课桌里有十余斤饭票，他交给了杨老师。杨老师说：“有饭票，你就吃吧！”月月如此，爱心绵绵，却不知何人所为。

一九八六年五月五日，班长薛德林入党了。当晚，校长张世雄问他愿意留校还是读大学。他选择后者。荣誉接踵而来：他被评为上海市三好学生，并成为被学校推荐就读上海师大的优秀毕业生……

又说父亲。薛德林说：“父亲是党员，当过大队会计、大队长。农民是靠实干的。造仓库时斧头砸在父亲的脚上，鲜血涌流。父亲一心为公的形象，不可磨灭。从父亲身上，我看到党的形象，十八岁那年申请入党……”

校长格言

父爱如井，深邃无比。

唐　巍

亲切的笑容温暖人生之路

一天上午，上海市奉贤区肖塘中学校长唐巍，谈起他求学的经历和人生的往事。读小学，读初中，读高中，读大学；一种种亲切的笑容，一个个动情的场景，一次次难忘的印象；物换星移，感今怀昔。

唐巍读小学的经历是：先在上海市区读，后到奉贤南桥读；与外公外婆住在一起。外婆尽力做家务，一脸亲切的笑容："巍巍快要回来了，他喜欢吃素鸡。"岁月如歌，外婆青丝换白发，其心曲，则吟咏至今。

在南桥读小学，汪黎明老师教数学。汪老师二十多岁，衣着得体，挽着发髻，年轻貌美，一脸亲切的笑容。班上有一位调皮的同学，看见汪老师却异常温顺。与学生谈话，汪老师笑容灿烂，和蔼可亲。

唐　巍

吴老师是唐巍初中时代的化学老师。她满头银发，一脸亲切的笑容。唐巍担任化学课代表。有时化学没考好，他感到愧对吴老师。吴老师宽慰他："没关系的……"其关切之情，溢于言表。

瞿军和孙毅，是唐巍高中时代的学长。唐巍和瞿军，世交有深情。研讨切磋，去芜存真；坦诚相见，取长补短。孙毅长唐巍两岁，有主见。唐巍非常尊重他。面对好友，彼此惺惺相惜，一脸亲切的笑容。

一九八八年，唐巍考取华东师范大学艺术系。走进系主任邓金楠的画室，唐巍被墙上贴的老一辈革命家的照片吸引住了。邓老师笑道："这都是父亲的合影。"目睹革命前辈的风采，唐巍对邓老师有了一定的了解。

唐巍获悉，邓老师早年毕业于解放军艺术学院，还有赴赫尔辛基皇家美术学院留学的经历，对他格外敬重。邓老师，高个子，衣装灰淡，一脸亲切的笑容；遇事不顺心，只是轻叹一声罢了，极为儒雅。

一九九六年，唐巍学开车。龚师傅每月两次开车来接唐巍。唐巍有时难以抽身，龚师傅对他不依不饶，但态度极其诚恳。唐巍要答谢他，总是没机会。唐巍说："龚师傅一脸亲切的笑容，既固执，又可爱。"

母亲像外婆一样操劳家务。唐巍周末回家，母亲忙这忙那，不让唐巍做事，一脸亲切的笑容。平时，她穿着朴素；过年，她服饰端庄。饭馆聚餐后，母亲会把用过的小毛巾一一归拢，洗净后分给家人使用。

唐巍工作了，父亲每周与他通话询问情况。唐巍说："父亲是干部，我有疑惑他就提醒我：'这个问题我是这么看的，建议仅供你参考。'父亲把亲切的笑容深藏于心。"——唐巍当校长时间不长，但学校一年一层楼。

校长格言

亲切的笑容，魅力无穷。

吴兴泉

这首歌又何止唱了二十年

上海市崇明县马桥中学校长吴兴泉，曾经谈起："一九八三年，崇明中学一九七九级高中(5)班同学相聚，唱起《年轻的朋友来相会》。歌词'再过二十年我们重相会'一语中的。二〇〇三年，我们再次相会……"

吴兴泉，一九六五年生，上海崇明新河镇人。其故乡在新河镇乡间。父亲在镇上当机修工，母亲在田里干农活。个子矮小的吴兴泉，畅述童年之快乐一如自由的小鸟，"花儿香鸟儿鸣，春光惹人醉"。

求学于迪蒙小学(该校现名为三烈小学)，"天也新地也新"。一节课吴兴泉只听十分钟就懂了，学有余力。下午三时放学后，广阔天地是孩子们玩耍的乐园。小学五年，就是在快乐中匆匆而过的。

吴兴泉

在原来的学校上初中，吴兴泉成绩优异。匡田元老师是南下干部。这位年近六十的班主任，对学生了如指掌。初一下半学期，匡老师对吴兴泉说："你可以读初二了。"就这样他步入初二的课堂，"春光更明媚"。

课内，听张老师赏析曹操的《观沧海》，日月洪波，激情澎湃；课外，听不少人盛传大新中学扩班招生，择优录取，报名踊跃。测试时，吴兴泉答题试卷尚未做完，被告知已过录取线了，这使他"挺胸膛，笑扬眉"。

《数理化自学丛书》一套十七本，父亲购得此书如获至宝。如何为吴兴泉搭建求知的平台，"创造这奇迹要靠谁"？父亲先是对照书上的答案让吴兴泉做习题；遇到难题，他就陪伴吴兴泉到镇上寻师访友，释疑解惑。

一九七九年，吴兴泉考取崇明中学。报到那天，"欢歌笑语绕着彩云飞”。学校环境幽雅，教室是仿苏式平房，黑瓦、红墙，走廊在北面，冬暖夏凉。吴兴泉每周回家，母亲把洗干净的衣服整理好，让他住校更换。

刚进校时，吴兴泉是年级尖子，想不到一年后成绩退至班级倒数第三。三伏天，父亲和他一起下地干活。酷暑难熬，汗如雨注，诠释了读书的惬意和劳动的艰辛。“回首往事心中可有愧”，他奋起直追，日新月异。

团级干部陆飞虬，教三角堪称崇明一绝。学生找难题问他，他就说：“题目先放着，我做好给你。”吴兴泉说：“陆老师思维敏捷，一题多解；人极沉稳，处世周到。”当年有多少教师“为祖国、为四化流过多少汗”！

一九八三年，崇明中学校友相聚，当时吴兴泉大学刚毕业；二〇〇三年再次相聚，他已担任校长。吴兴泉说：“‘再过二十年我们重相会，伟大的祖国该有多么美’，这些我都有深切体会。第三次相聚不知何时？”

校长格言

每一次努力，都是通向成功的基石。

张亚根

最初的美丽始于少年时代

上海市青浦区珠溪中学，坐落在青浦区朱家角镇漕平路上，现任校长张亚根。这位生长在青浦西岑乡间、在朱家角中学度过他的中学时代的校长，对家乡怀有非常亲切而独特的感受。

西岑是青浦朱家角镇以西、淀山湖南面的一个小镇。张亚根的家乡就在西岑东面的育坪村。这村庄，东临拦路港，南靠北横港；树叠翠，河盈秀；暮霭四合，鱼鸟相亲；屋舍低而矮，民情淳且朴。

夏夜，凉风习习。家家小屋前，一把把椅子、一张张桌子，一群群孩子围桌团聚。孩子没有固定的餐桌，爱吃哪家的饭菜，可以随意地跑，任意地取，惬意地吃。少年朋友们，同学又邻居，亲如家人。

在村校育田小学读书，张亚根的班主任是沈秀

张亚根

英。沈老师举止端庄，相貌秀丽，语气和缓，可亲可近。她住在学校，以校为家。她有两个儿子。她为学生补课时，男女同学分工，她的小儿子由女同学挈带。

放学后，每当家长来校接孩子，沈老师与他们寒暄，称赞他们的孩子。美言一经父母的转述，听得孩子们乐滋滋的。张亚根说："沈老师一心一意为学校。她关爱学生，超过关爱她自己的儿子。这是有口皆碑的。"

一九八〇年，张亚根考取朱家角中学。这一年，朱家角中学初一招三个班：在朱家角镇招两个班，在青浦西片招一个班。育田小学学生考得好，一大批农家子弟从乡间走出来，来到朱家角镇，来到朱家角中学。

初中住校读书。班主任方守华，五十多岁了，她教数学。方老师上课，条理清清楚楚，仪范规规矩矩。课后，其亲切有加。

早晨，早饭、早锻炼，晚上，晚饭、晚自修，方老师天天到校，事事过问，处处关注。

在一间新的教室上公开课。课前，学生喧笑不已。方老师在黑板上写了“青”字，转身注视同学，同学大声念“青——”；接着她补写出“争”字，转身环视同学。场内顿时寂静无声，方老师开始上课了。

在朱家角中学上高中，程度老师教语文。每周两节作文课，第一节课理论指导，谋篇布局；第二节课作文实践，遣词造句。张亚根害怕写作，程老师化难为易，这使他获益良多。高中毕业，张亚根考取了大学。

张亚根说：“育田小学很小，很简陋，只有几位老师。我作为班上普通的学生，能考上朱家角中学，这使我常想起沈秀英老师。在朱家角中学求学，方守华老师上公开课的情景，令我至今难忘……”

校长格言

善待自己，善待别人。

龚　超

故乡崇明是我眷恋的地方

龚超，上海市崇明县民本中学校长，一九八一年考取上海师范大学。他生于崇明，长于崇明，当年在崇明读书，如今在崇明工作。平时，他言语不多，勤于工作，而当谈起他的家乡和往事时，他话语就多了。

家在崇明五滧乡南海村。龚超的父亲参过军，复员后回乡工作；母亲是崇明中学的高中生，毕业于二十世纪五十年代。龚超是家中的长子，他有一个妹妹、一个弟弟。长子争先，操持家务。那一年，他才七岁。

家务活中，放鸭最苦。每晚九点多睡觉，次日五点多起床。开棚放鸭，聚群成行。几百只鸭子疾趋而过，一路喧声不断。龚超手握长竿，遥悬其上。

龚　超

偶遇车来人往，群鸭均以竹竿为标示，或前或后，或行或止。

群鸭散养，早晨、中午、傍晚，都放一个多小时；一日三放，一放十年（直到初三住校读书，他才挂竿）。放鸭时，他不忘赏景：细波弥弥远，芳草缓缓鲜；放鸭时，他不忘看书：一天一本书，一书一诵读……

一九七一年，九岁的龚超进江海小学读书。母亲当过教师。一年级都是起始学科，她要求龚超听课专心、书写端正、作业准确，并每天进行检查。龚超良好的读书习惯，是在母亲的督促下培养出来的。

三年级作文《给毛主席的一封信》，龚超获得高分。班主任高秀兰教语文，她上课朗读这篇作文，还在办公室进行传阅，后来竟连校长也夸奖龚超了。赞誉声中，龚超努力写作，为的是不辜负老师的期望。

在登瀛中学读初中和高中。读初中时,数学老师庄珍宝,注重学生个性发展,出试卷总有附加题。龚超解题卷面无涂改,附加题也如此。阅罢试卷,庄老师赞赏不已。龚超说:“能做出附加题,本身很快乐!”

父母勤俭持家,龚超印象深刻:“母亲从不乱花一分钱。过春节每天买一只苹果,是奢侈的享受。一九八〇年,我在读高中。父亲买了一台电视机,让我听讲座……家境贫寒,花这些钱真不容易啊!”

读小学、初中、高中,龚超均为班长;应对各种考试,他自有办法。听课,他从不走神,还能择其大略,边分析,边记录。晚上九点多睡觉,早晨五点多起床;作息依旧,精力充沛。高考在即,他还是这样……

一九八五年,龚超大学毕业后一直在民本中学工作。一九八六年,其爱人大学毕业后也一直在民本中学任教。龚超说:“二十五年来,我曾有多次机会调到上海市区工作,但我感到,我在民本中学教书,比较合适。”

校长格言

平中见奇,恒久如新。

王洪江

在劳动中体验人间的温暖

两年前，初识王洪江。那时，他在南汇区澧溪中学工作，闲谈中得知他是南汇周浦人，对家乡感情深厚。前不久，巧遇王洪江。现在，他是上海市航头学校校长，闲谈中又得知他已过四十，年少时艰辛异常。

出身很普通，经历不普通。父亲、母亲、王洪江和妹妹，同样是一家四口，同样是农家子弟，但王洪江的遭遇与众不同。父亲虽然体弱多病，但他非常勤俭，对王洪江要求极严，让他从小挑起劳动的重担。

有一次，王洪江和妹妹呆立在烈日下，看着其他同学吃雪糕。母亲见状，伫立良久。雪糕八分钱一根，棒冰四分钱一根。她给孩子一人买了一根棒

王洪江

冰，说："吃吧，别总盯着人家看。人家有，我们也有！"

春天种米苋，夏天种芹菜，秋天种萝卜，冬天种青菜。父亲所种的菜不需要搭棚，投入少，产出多。果园里种了一百多棵桃树。盛夏时，王洪江忙于割米苋，摘桃子，还到生产队里挣工分，赚钱贴补家用。

割好的米苋装在篮子里，王洪江骑车去卖。沿黄浦江两岸，有时到浦东的菜场，有时到浦西的菜场，最远的到静安寺去卖菜。凌晨起床，四点之前赶到菜场卖菜；上午八九点钟，菜卖完了才吃早饭。

有一次，王洪江到潍坊路菜场卖米苋。清晨四点开卖，到上午十点，米苋还是卖不掉。他左顾右盼，心情郁闷，于是把米苋送给一位老大爷。王洪江说："看到老人接受我的米苋时，愁绪释然，物有所值了。"

有一次，王洪江去卖桃子。有个卖水产的银箱掉了，报案指证他。围观者很多。一位老太太站了出来，为他辩护。结果真相大白。王洪江说："老太太还把我领到她家，不断地宽慰我。人间自有真情在……"

母亲常对王洪江说："穷人的孩子早当家。"王洪江从读初二开始卖菜卖水果，父母没再给过他一分钱。他用自己挣的钱缴学费，读初中，读高中，考大学。他在澧溪中学读初中，初中毕业后考取周浦中学……

王洪江说："从读初二起，我的暑假就是在卖菜中度过的。用足力丈量道路的远近，用腕力掂量蔬菜的轻重，用心力测量人情的冷暖。卖菜，既锻炼了我的身体、口才和速算，也使我了解了社会和人生……"

跨出大学校门，王洪江在澧溪中学工作十八年；最后六年中，他深受老校长诸正邦的信任，先后担任年级组长、德育主任、教务主任、党支部书记、副校长……今年八月，他被调到航头学校担任校长。

校长格言

体会劳动的艰辛，感受人间的温暖。

李聿华

难忘的高中生活如在眼前

上海有这样一条马路——绍兴路，路不长，很幽静。近日步入其间，寻访上海市民办永昌学校。到了校门口，静候。门卫通知我们："李聿华校长请你们快上楼。"于是来到了三楼，来到了校长办公室。

面容，似曾相识；笑容，和蔼可亲；仪容，举止大方。这，就是校长李聿华；这，就是一九六八年十一月赴海丰农场务农的李聿华；这，就是一九六七年从复旦大学附属中学高中毕业的李聿华。

海丰农场地处江苏大丰，在大丰它被称为"上海农场"。李聿华分在上海农场元华分场。这个分场，初中生知青多、高中生知青少，因此下乡不久，李聿华就担任场部会计，并兼任培训各生产队会计的工作。

李聿华

一年之中，年终最忙。分场下属有几十个队、三四千人，百余万元的经济账，都得算清楚。比如，稻一角零一厘一斤，做账丝毫不能出错。李聿华边干边学，自学成才，对数学能把万事万物变为数字，体会尤深。

一年之中，双抢最累。这时节，作为场部会计的李聿华，也要忙于抢收抢种。都说插秧这活累，弯着腰站在稻田里分秧插秧，一刻也不能停歇，累啊！田垄长又长，一望绿碧空。回首向来处，风光迥不同。

在复旦附中读高中，李聿华有过多次到农村劳动的体验。一次三秋劳动，李聿华在拔棉花秆时，手指被铁钎弄伤了。在医院治疗时，人们见其惨状，感叹不已。其实，李聿华吃苦磨难的经历，又何止于此。

在复旦附中读书，学生们严格遵守作息规定。比如，规定晚上九点半熄灯睡觉，一位高中生点着蜡烛，还在帐内偷偷看书。学校知道这事后，第二天就张榜公告。李聿华对母校的印象是："学风严谨。"

住宿生在食堂用餐，早餐两分钱、午餐七分钱、晚餐五分钱，一角四分一天；天天如此，人人如此。校外有个小店，脆麻花五分钱一根。没有学生走出校门，更没有学生想到去校外买零食充饥。

班主任沙兴信教物理。有一次物理测验，成绩不理想。时值初秋，沙老师穿着棉袄走进教室，上课时脸色沉重。当时，姜拱绅校长倡导办全国一流学校。李聿华说："教师感到压力重，是因为他们责任心强。"

一九六四年，李聿华考取复旦附中；前一年，他的哥哥十六岁就考取华东化工学院；后一年，他的弟弟考取上海交大附中……这是父母重视教育的结果。顺便提一下，去年复旦附中为阔别母校四十二年的学子，补发了毕业证书。

校长格言

父母是我的第一任老师。

徐　建

路迢迢始于童年的乡村中

上海市奉贤区新寺学校校长徐建,二十世纪六十年代初出生在奉贤头桥僻远的乡村。少年时代,他在那里求学;青年时代,他在那里教书。是老师的关爱,使他爱上老师;是老师的鼓励,使他爱当老师。

路迢迢,始于童年。一九六七年,徐建就在他的家乡建国村,上了村校建国小学。因为祖辈被划分成分的关系,徐建上学时深受歧视。班主任王福娟教语文。她是本地人,对年幼弱小的徐建,关爱有加。

徐建进新市中学读书,张宇兴老师教数学。张老师年轻有为,上几何课画圆不用圆规,一挥而就。学生听他上课,兴趣盎然。徐建的数学成绩提高很

徐　建

快，张老师让他担任数学课代表。从此，徐建喜爱数学了。

一九七六年，徐建中学毕业回乡务农。不久，村里派他去上海宝山钢铁研究所做外包工。干的活是铺电缆线、埋水管，吃住都在工地上。工作之余，徐建就用心看书，既消遣，又求知。这样的日子过了一年多。

一九七八年春，徐建回家时，遇到中学时代的班主任宋宗棠。闲谈时，宋老师鼓励他去参加高考。当年七月，徐建考取上海第六师范学校(奉贤校区)。当邮递员送来录取通知书时，他高兴得跳起来。

师范学校在奉贤南桥，班主任是陆维明。陆老师利用星期天，对全班每位同学进行家访。他从南桥乘车到奉城、转车到头桥，向东步行三公里，来到建国村。看见陆老师来家访，徐建又惊又喜，感动不已。

二十世纪八十年代初，徐建从师范学校毕业，被分配在北宋小学工作。从南桥到奉城到头桥，二十公里路，再向偏东北步行三公里，那就是北宋小学。这是一所村校，位于建国村的北面。地方偏僻，交通不便。

北宋小学校舍差，资料少。星期天，徐建和两名青年教师共赴南桥购书。乘车回来时，遇到一位中年人。他问了徐建有关情况，说："我过两周来看你们。"两周后，他在中心小学校长陪同下，来到北宋小学。

他是教育局基教科科长张弈本。张科长对青年教师星期天为学校办事，赞许有加。这是一九八五年的事。一九八六年，徐建担任北宋小学校长。头桥乡有十七所村校，北宋小学脱颖而出，被评为上海市合格学校。

曾几何时，徐建有调到其他局行工作的机会，但他还是选择当老师。他担任新寺学校校长三年多来，学校变化巨大：校园美丽，教室温馨，学生人数逐年递增。徐建的座右铭是："做一个让学生难忘的老师。"

校长格言

做一个让学生难忘的老师。

周秀芳

我们的冬天可以这样美丽

冬天的阳光，从窗户中探射进来，给人以温暖，给人以慰藉，给人以回忆。上海市毓秀学校校长周秀芳，对此有深切的感受。她热爱阳光，热爱大自然，热爱故乡的田野村落，也热爱童年的春晖韶华……

忆童年，童年在宣桥。宣桥是南汇的一个小镇，小镇四外田野青青。田野青青孩子来，孩子来了起欢笑。欢笑盈耳的周秀芳，从小生活在乡间。乡间多芬芳，沃土肥又美。美哉大自然，那是她惬意之所在。

母亲尚有文化，当过扫盲班老师。一块小黑板，还有教鞭、粉笔，都是周秀芳的爱物。那时的周秀芳，还只是行大小学学生，就学着母亲的模样上课，

周秀芳

学着老师的范式阅卷。童年的梦，传承有绪，徐徐重合。

那一年，周秀芳读小学四年级。这个戴红领巾的女孩，已多次参加镇里的数学比赛，还得过奖。那一天，风雨交加，教数学的程老师朝她迎面走来。她撑着伞静候着，等待程老师走过来，向他敬了一个礼。

在宣桥中学读书，周秀芳遇到过这样一位语文老师。他除了自己进修学历之外，中午吃好饭，洗净饭盒，就伏案批改作业。虽然功深力巨，可收效甚微。因为有的同学感到学语文很吃力，兴趣索然。

冬天的一个早晨，语文老师在课上念了一篇由他撰写的佳作。文中描写庄稼人历经坎坷、父子情深的故事。这与其说是文章的情节出神入化，不如说是老师的精神感人至深。从此，同学们爱学语文了。

有意识地阅读文学作品，是一九八二年周秀芳进新场中学读高中时开始的。她爱读张洁的《挖荠菜》、高晓声的《陈奂生上城》，由文本去寻找生活的母本；也爱读张晓风的《花之笔记》，这是她工作之后的事情。

周青老师上历史课，文学味甚浓。周秀芳听课之余，又成了阅览室的常客。借阅报刊要凭教师借书证，学生中能享受这种待遇的，她是为数不多的一个。喜爱文学的周秀芳，一九八五年考取上海师大中文系。

跨出大学校门，周秀芳在青浦小蒸的乡村当一名中学语文教师。随遇而安，她和爱人一起，在那里工作和生活。一晃，十年过去了。小蒸成了他们从教生涯的起始点，纯朴的民风和平野的况味，可咏可叹！

小蒸和宣桥相吻合。屋后竹园，门前鱼塘。初冬的中午，艳阳映照在水面上，异常耀眼。风一吹，金波荡漾，流光溢彩；或为绵密的细线，或为起伏的亮纹；似无若有，草木清香……童年的冬天如此美丽。

校长格言

苔花如米小，也学牡丹开。

杜宝华

刻苦自学迈上人生的台阶

上海市建平世纪中学校长杜宝华，安徽宿县人，一九五三年生。二十世纪五十年代，其父亲在上海青浦县城工作；六十年代，父亲担任青浦朱家角镇镇长。随着他工作的调动，一家人从县城搬到朱家角镇安居。

一九六四年，杜宝华转至朱家角镇中心小学，就读四年级。每节课，老师所提的问题，他都积极举手回答。功课好而玩兴浓，班主任总是批评他。读五年级时，班主任由年近五十的唐轸光老师担任，她教语文。

唐老师剪着齐耳的短发，衣着洁净，举止端庄。她说话，语速和缓。她常对杜宝华说："你是镇长的儿子。"就这么简简单单一句话，不似表扬，胜似表

杜宝华

扬;不似批评,胜似批评;言简意赅,余音绵绵。

唐老师让杜宝华担任班级临时召集人。不久,他被选为班长、少先队大队长。他品学兼优,学习成绩年级第一,又被评为学区三好学生。这变化,源于他对自己的严格要求,直到小学毕业,以至更漫长的岁月。

一九六九年十一月十六日,刚过十六岁生日才一周的杜宝华,远赴黑龙江省呼玛县兴隆公社,在仅十几户人家的大砬子村务农。白天劳作,入夜苦读。没有电灯,他在柴油灯下看书,看当时所能看到的书。

读马克思的《共产党宣言》、列宁的《唯物主义和经验批判主义》,背诵《毛主席诗词》;偶得半本王力的《诗词格律十讲》,他除了钻研诗词格律外,还背诵书中附录的古代诗词。一晃,四年就这样充实而过。

一九七三年,杜宝华回安徽芜湖投亲插队。第一次招工他没轮上。一九七五年院校招生,知青一致推荐他。出于谨慎,他只填报金华铁路司机学校等技校。在公社里考作文,他写了一篇短评《浅论"平等"》,交了上去。

想不到杜宝华被安徽师大中文系录取了!进校读书,他先后担任文艺理论、群众文艺、古代汉语、外国文学课代表。曾经的自学,他获益匪浅;现在的读书,他如鱼得水。一个年级三个班,他的成绩居榜首。

一次,中文系几个同学去政教系会友。政教系老师马文凤询问:"中文系有杜宝华吗?"马老师曾负责芜湖县招生工作。杜宝华感到,马老师可能很欣赏自己写的文章。但直到现在,他未曾与马老师见过面。

一九七八年留校的杜宝华,开始在安徽师大附中任教语文。一九八〇年发表小说,之后担任语文教研组长。一九八六年担任学校工会主席,同年加入安徽省作家协会。白天教书,晚上自学;持之以恒,更上层楼。

校长格言

人的一生,能较早地遇到一位启蒙老师,是一种幸运。

高明昌

阳光静悄悄地照到身上了

相视一笑，对茗浅谈。主人公是上海市奉贤区邬桥中学校长高明昌。很难想象，他的童年是那么浪漫，他对母亲和老师的印象是那么深刻。

他从小生活在奉贤钱桥海边村，生长在一个多子女的大家庭。他是长子，有三个妹妹。孩子们的岁月热热闹闹，却需要父母不厌其烦地付出，尤其是母亲。

屋后有一棵老树，他会爬上去，看四周景色；还会盘腿坐在树上，看下面的枝枝叶叶。他爬树大多是中午，赏景并感受树的气息，一两个小时如此匆匆而过。

一天中午，母亲抬眼望树，叫他吃饭。他躲在树上，屏声敛气。之后出其不意地闪现在母亲面前，

高明昌

叫了一声“妈妈”。母亲抿嘴而笑,犹如老树新枝一般。

母亲送他上小学。那天上午,他看着自己的影子,就问母亲:“我样子大不大?”母亲说:“到中午你再看看自己的影子吧!”中午,他站立在阳光下,只见自己的影子缩短在脚下,才对母亲的话有所领悟。

吴凤鸣是他的小学老师。吴老师每周两次,叫他在黑板上抄一段《雷锋日记》,直到他小学毕业。吴老师学雷锋,身体力行。放学回家时,他经常看见吴老师在帮助别人干农活。做好事无止境,吴老师总是如此。

徐菊蓉是他的初中老师。在他的印象中，徐老师容貌端庄，对学生关怀备至。凡是下雨天、下雪天，徐老师就请学生到自己的宿舍吃午饭，当然也有他。母亲听说此事后，连连称赞徐老师“亲如母亲”。

张大文是他的高中老师。读高一时，一次上体育课，他的脚扭伤了。课后，看着同学进教室，他只能蹲着，忍着，等着。这时，张老师走过来问明原委，扶着他一步步走近大楼，一步步走上楼梯，一步步走进教室。

他是语文课代表。有一次，语文课要上文言文。张老师上课前，先检查每位同学的预习本。当拿起他的预习本看过之后，张老师脸一沉，说：“你也没预习？”他无言以对。从此，做好课前预习，成了他的习惯。

还有读大学时的吕老师。吕老师教古典文学。一次，他写一篇论文，有句话用词不妥，吕老师旁批详注，阐述得清清楚楚。就是这件事，使他记住了吕老师。

一年前，他写过一篇随笔。他写出小学、中学、大学的老师，共有几十位之多；再按老师年龄顺序编排，反复斟酌过后，毕恭毕敬地把这些名字誊在记事本上。

他写着写着，阳光静悄悄地照到身上了。

校长格言

一分耕耘，一分收获。

沈晓红

同学少年让我们荡起双桨

一条黄浦江，江水平缓。那天上午在浦东，下午去浦西。车行几十里，一快匆匆。上海市闵行区纪王学校，就在眼前。

校长沈晓红，正在上课。校园安静，时有书声起；光阴润物，春到江南来。

课后相逢，校园安静如初——

沈晓红开始求学，是在二十世纪七十年代中期。那时她在家乡——上海奉贤法华桥镇的乡间，就读村校法华小学。

学步伊始，相伴的是家乡的小桥流水，而心之渴望，是能看一看外面的世界多么精彩。每一天，似乎过得平淡无奇。其内容总是上学、听课、回家，做作业、做家务，等等。然而还是有变化的。

沈晓红

一天中午，有些同学登上校外的三层楼厂房，站在楼顶远眺，杭州湾里的船只，一一尽收眼底，惬意之极，流连忘返。下午第一节数学课，有的同学迟到了。一贯教学严格的黄伯煜老师，批评了他们。

回味无穷。沈晓红说："黄老师对学生要求严格，对班干部要求更严。严中有爱。他对学生的关心，是发自内心的；他对业务的钻研，是很有成就的……"

平屋低矮，教师聚在一间大办公室办公。教师中，一位年长的老太太引人注目。她是沈晓红母亲的老师，很慈祥，也很严肃。沈晓红见到她，敬畏感油然而生。

严凤英老师教语文。她从市区来，不苟言笑。要求学生一天背一首诗，常借书给学生看，她还会讲故事呢！县里举办讲故事比赛，她让学生踊跃报名。雀雀然如鸟之飞，盘桓容与。学校小矣，平朴而有韵致。

阮炳康、王月英夫妇，是沈晓红就读法华中学的老师。阮老师言语不多，身体力行；王老师性格爽朗，处事果断。上海市第六师范学校是他们的母校。平时，他们对六师的赞美之情，溢于言表。深情厚意，尽在其中。

暑假期间，阮、王两位老师带领同学们参观上海动物园。顶着骄阳，大家一路欢唱《让我们荡起双桨》。第一次来到市区游玩，同学们惊喜欢快，回味无穷。

毕业前夕，阮、王两位老师又带领同学们到浦东洋泾，参观上海市第六师范学校。实地感受校园的美景，一土一石、一草一木，仿佛已在迎候新学子的到来。

爱师之情，既深且久。初三毕业，沈晓红报考六师，心想事成。在校读书，离家很远。周日，三五好友相偕，到市区观摩画展，十水五石，清新俊逸。更难忘的，是父亲每月寄来家书一封，盈匣满柜，美意延年。

校长格言

兢兢业业，从从容容。

鲍　立

心中蕴藏着一条爱的河流

“治学，博览如泛舟，绣山画水；精研如播种，春华秋实。”有如此感受，是他的经历所致。他是谁？上海市莘光学校校长鲍立。

鲍立，一九六三年生，祖籍山东，出生于辽宁大连。八岁时，他回到山东莱芜。莱芜，处于泰山以东、淄博以南、沂源以西、新泰以北。莱芜较之大连，方言有差异。从方言学起，鲍立就读小学一年级。

有许多爱好，彩梦斑斓。鲍立喜爱绘画、音乐和体育。童真无邪，染于苍则苍，染于黄则黄。——在一所普通的学校读书，在一所可以从小学一年级读到高中的学校读书，在一所可以遇到许多良师的学校读书。——因缘际会，皆在其中。

鲍　立

教体育的老师，是一位退伍军人。每天下午，学生们在操场上集中，根据老师的要求绕着操场跑三十圈。天天如此，月月如此，年年如此。起初，鲍立感到力不从心，时间长了，也就慢慢习惯了。

班主任崔老师是朝鲜族人，她声音悦耳，舞姿优美，尤其是穿着一套朝鲜族服装翩翩起舞之时，一举一动令人难忘。走进喧笑不已的教室上课，她惯于用手指朝嘴上一放，全班顿时鸦雀无声。

任教美术的鲁炳成老师，是上海知青。他英俊帅气，学问精深。一次，鲁老师送给鲍立一本连环画，勉励他好好学画。拿着连环画，鲍立问道："画哪一页？"鲁老师笑道："从第一页画起，你一页页画下去。”

在家里画画。鲍立临摹一幅画，母亲说：“好。”他又临摹一幅画，母亲又说：“很好。”他再临摹一幅画，母亲再说：“好得很。”一直得到母亲的夸奖，经年累月，这使鲍立对绘画充满信心。

鲁老师住在学校里，与他同宿舍的是徐副校长和王老师。徐副校长工作认真，为人谦和；王老师任教历史，上课如数家珍。酷爱书法，一有空他们就练字，垂范学子。

上中学时，鲍立学习素描之外，还学色彩学，绘画很花时间。鲍立学物理有困难，鲁老师主动联系物理老师，帮他排忧解难。

鲍立上中学时个子矮小，他的家离学校并不远，周六在学校画画画得很晚，他不敢独自回家。鲁老师送他回家，跟着他走上四楼，看着他用钥匙把门打开，这才离开。

就在上中学时，鲍立明确了报考大学的专业：美术。一九八二年，他高中毕业后，当了多年的技校老师。一九八六年，他考取山东师范大学美术系。回首往事，他说：“亲其师，爱其道。良师是我一生的贵人。”

校长格言

亲其师，爱其道。

屠红伟

还记得父爱深深伴我前行

屠红伟，上海市闵行区第四中学校长。她的座右铭是："语文的外延和生活的外延是相等的。"走过四十多年的人生旅程，她把这句话当做她的座右铭。

童年的岁月中，一个个形象凸现出来。

屠红伟的家乡在上海奉贤的乡村。她的父亲是一位小学教师。父亲因为家庭成分等原因，在星火农场务农多年。星火农场在奉贤的南端，它的南面是浩浩渺渺的杭州湾。回家一次，长途迢迢，漫漫几十里路。

父亲工作勤勉，为人朴实。母亲也如此。他们当年成家，共同克服困难。母亲比父亲小四岁，向来衣食无忧的她，什么都不会干，什么都学着干。

屠红伟

屠红伟说："一个农村妇女所能干的活，母亲都学会干了。"

父亲每次回家，都会给孩子讲故事。家里订了《儿童时代》《少年文艺》，杂志一到手，屠红伟连饭都顾不上吃，先要把它看完。晚上，她在帐内偷偷地看书。父亲关切地说："你爱看书就看吧，别把眼睛看坏。"

父亲重返校园。他入了党，当了领导，还被评为全国优秀教师。父亲踏实而坚毅的品格，对家人，尤其对子女影响很大。日久天长，孩子们以父亲作为他们的榜样；循序渐进，屠红伟把文学作为自己的爱好。

在小学读书，有一次大扫除，屠红伟和她的姐姐都被安排打扫卫生间。校舍简陋，干活可想而知。"是谁安排我们干这活的？"姐妹俩相互探问。想不到是父亲让教语文的朱老师特意安排的差事。

上中学时,屠红伟爱听屠林明老师点评作文。屠老师年近四十,爱阅读,爱写作。学生精彩的作文段落,屠老师和他们一起欣赏。他先在自己的班上读,然后在其他班级读。为此,学生们很受鼓舞。

唐永辉老师教语文。他教朱自清的《春》,就鼓励学生去桃园赏景:写出春天的美景,写出农民劳动的艰辛与欢乐,写出朱自清《春》中还没有写到的林林总总。课内播种,课外收获;学习语文,品味人生。

上化学实验课,顾振发老师在讲课,屠红伟却在看小说。顾老师发现后没有批评她。下课了,顾老师找屠红伟谈心。他说:"你很喜欢文学,将来是可以走这条路的。"就这么一句话,屠红伟珍藏于心,回味无穷。

高中毕业,屠红伟考取上海技术师范学院中文系。大学毕业,她当了老师。看见她的学生回家晚了,父亲问她:"今天你为什么把学生放得那么晚啊?"去家访有陌生感,父亲陪她一起去……

这都是二十四五年以前的事情。

校长格言

读懂老师的殷切寄语,理解老师的良苦用心。

查建生

读书的风姿雅韵回味无穷

上海市七宝实验中学校长查建生，安徽安庆人，话语乡音浓。他喜爱读书，一如既往。少年时代，一本本书拿捏在手，诵读于心；青春年华，一行行字斟酌入目，成竹在胸。

很难想象，一个贫苦农家的孩子，竟然会那么爱书，而且爱得那么深。家中多子女，几个孩子张口都要吃饭，为父母者，任重道远。好在父亲是个有文化的读书人，能吃苦耐劳，日子就这样慢慢过下来。

读小学二年级时，查建生开始在姑妈家和表哥一起翻看书页发黄、而且是竖排繁体字版本的古典文学名著。兄弟俩头触碰着头翻书看。少年人身上发散的滋味、书页中弥散的滋味、老屋里飘散的滋

查建生

味，都融和在一起了。

第一次买书的情景，历历在目。快要过年了，父亲取出家中全部积蓄，吩咐年幼的查建生和姐姐一起，去供销社购置年货。可是一到店里，查建生被书香味迷住了。书架上的书排列得整整齐齐。姐姐拗不过他，用这些钱都买了书。走在回家的路上，姐姐哭了，查建生这才惶恐起来。回到家里，看着查建生捧着一大包书，父亲先是无奈，继而宽慰他："以后你买书，就把发票给我，我给你钱。"要知道，在二十世纪六十年代中期，安庆乡村一个农民一天的劳动收入，只有一角钱，花钱买书看，真不容易。

既看当年出版的《海岛女民兵》等图书，又看中国古典文学名著。《红楼梦》中的某些诗词隽语、《水浒传》中的个别段落，时至今日，他还能当场背诵，朗朗上口。

书读多了，查建生便成为小伙伴中喜爱读书的骄子，受到大家的尊重。每每同伴遇到困难，他就尽力帮助。小伙伴爱听他讲故事，一些繁重的农活，他几乎不用动手，柴草盈盈负载而归。那是同伴对他的答谢。

二十世纪七十年代后期，农村学子考取中专，农村户口可转为城镇户口。查建生初中毕业，在选择报考中专或高中时，他选择后者。当年，他考取省重点太湖县第一中学。高中毕业，他考取安徽师大中文系。

查建生说："一个农村孩子，想读书，爱读书，而且初中毕业继续读书，家庭经济的重压是可想而知的。然而父母支持我，尤其是父亲，他把我所取得的成果当做他自己的成果。如此深沉的父爱，超越时空。"

十年前，查建生从安徽来上海工作，任教中学语文。他边工作，边读书。九年前，他获得硕士学位。回安徽探亲去，当查建生把硕士学位证书拿给父亲看时，父子俩欣然喜悦的心情，是难以言喻的。

校长格言

处世治学，与人为善。

王　洁

爱河从童年开始奔流不息

上海市奉贤区洪庙中学校长王洁，热情开朗。过去平顺的岁月，细如涓流，温馨而美好，欣然而安详。

居于奉贤四团镇，镇小而民风纯朴，望远皆青枝绿叶。王洁童稚的步履，跨进了四团小学。这所百年老校，建于二十世纪初叶。在这所学校里，迎接她的是一位或拄着拐杖行走，或摇着轮椅以车代步的王长艮老师。这是二十世纪八十年代中期的情景。

上课时，王老师行动不便，其位置总是在讲台旁边。学生做好作业走上前去，静候其批改。王老师看得极认真，该看好了吧，但他还在看。忐忑不安和敬畏之情，在同学们心中涌动着。

王　洁

王老师的家就在镇上，镇上的一些同学常去他家玩。王老师的爱人是普通农民，条件艰苦。王老师行动不便，同学们为王老师买盐、拷酱油、缴水电费、寄信等。这些点点滴滴的家务事融洽了师生关系。

星期三下午没有课，课余活动丰富多彩。王老师和学生一起去慰问军烈属。他们来到慰问户，先是话家常，紧接着三三两两，分成若干小组做家务。或整理衣被，或擦洗桌椅，或打扫庭院，忙得不亦乐乎。

秋收时节，熟稻低垂。同学们帮军烈属捡稻穗。大布袋系在腰上，稻穗满袋后交给物主。秧青浪绿，夏雨绵绵；树静潭深，炊烟袅袅。一如在诗画之中，屈膝之酸、弯腰之累，劳动的收获取代了它。

成为学校鼓乐队的一员，王洁乐在其中，为学校、也为乡镇及其他部门。五六十人站成一个方阵，盛装庆典，鼓乐齐鸣。一举手一投足，仪态端庄，神情安详。沉浸在这样的氛围中，耳濡目染，感同身受。

生活在一个父母辈多子女的大家庭，单表弟表妹有近十人。暑假中，王洁和她的姐姐领着弟妹们一起玩。或镇上，或乡间，玩得尽兴后，回家烧饭给弟妹吃。午后小睡，孩子们憨态可掬，鼻子上都沁出了汗珠。

童年充满快乐，直到就读上海师大数学系，王洁还是如此。同宿舍中的八位同学，分别来自奉贤、青浦、南汇和崇明。“这道难题是怎么解的？”“我来告诉你。”相互切磋、相互帮助，求学时代的深情厚谊，绵延至今……

王洁说：“快乐的童年始于小学。王长艮老师是上海市优秀班主任，他带领我们开展各种活动。我们像风筝一样，被放飞在家乡的田野上，快乐无比。读小学，读初中，读高中，读大学，我一直沉浸在快乐之中，快乐的童年充满我的人生……”

校长格言

快乐的源泉始于童年时代。

杨莲花

爱数学累月经年一如既往

这是一个令人难忘的日子。上海市奉贤区奉城第二中学校长杨莲花，和二十五六年前的高中同学相聚在奉贤南桥。他们当年就读新寺中学，老友新朋，同欢共庆。其中还有小学又初中、寒窗复同窗的学友……

杨莲花喜爱数学，起步于新塘小学。新塘小学是新寺镇的一所村校。村里十余个孩子一起上学，杨莲花和杨芬华形影不离。杨莲花是班长，数学尤其好。杨芬华说："和你在一起很快乐，但我有压力。"被杨芬华的坦诚深深感动了，杨莲花尽力帮助她。赤子多情，寒窗盈爱；一路乡间，屡引风光。

学校选派五六位同学，参加镇上举办的数学比赛。带队的张利权，既是村校领导，也是杨莲花的

杨莲花

数学任课老师。一次次参赛、一次次获奖、一次次喜悦、一次次积淀,孩子心中的世界,是被那喜悦充满了的。下雨时,张老师就在学校烧饭给学生吃。雨中情,同学们绵绵细语,温馨有加。

傍晚回家,割草烧饭。按理说,杨莲花有三个哥哥,做家务轮不到她。她父亲是乡镇干部,工作很忙。她母亲是村队干部,教子甚严;尤其是对杨莲花,一定要她做家务,堵其疏懒。杨莲花忙完家务,专爱做数学。

在新寺中学读初中,杨莲花更爱数学,缘于胡水华老师。胡老师是班主任,教语文;为人谨慎,待人平等。学生有长处,就得到她的肯定。及至在新寺中学读高中,也成了杨莲花对这所学校爱的延伸。

值得一提的是，三叔对她的理解和支持。三叔曾为部队干部，藏书丰富，见多识广。杨莲花家里经济有困难，三叔为她缴学费；杨莲花初中毕业想就业，三叔劝她读高中。从读初中起，她就住在三叔家里，直到高中毕业。

三叔家在新寺镇，婶娘也是老师。杨莲花读高中，条件比住校生好多了。三叔家里，好书满架。三叔爱看的书，杨莲花也爱看。看《钢铁是怎样炼成的》，保尔的那段名言，一直激励着杨莲花。

邬先鸿老师教几何，解题思路清清楚楚，学生一听就懂，一学就会。杨莲花做几何题，深有感触。班主任是教体育的缪志仁老师。他早出晚归，拎着一台录音机，让学生反复听英语录音，提高口语表达能力……

一九八六年，这个班约六十位学生，有近四十人考上大学，好得出奇！杨莲花考取上海师大数学系，爱数学，更上层楼。

大学毕业当教师。杨莲花曾连带十三年初三毕业班，尽心尽力教数学，桃李芬芳……同学喜相会，所谈的还是当年的爱好。

校长格言

数学具有逻辑美，建筑美，诗意美。

朱建红

新年的春风轻轻吹过来了

上海市明星学校校长朱建红,他的中学时代是在鲁汇中学度过的。他在鲁汇中学读初中读高中,开始于一九七九年。

鲁汇中学坐落在鲁汇镇上。那时,鲁汇镇隶属于上海县。上海县浦东地区沿黄浦江由北向南,依次是三林、陈行、杜行、鲁汇。鲁汇处于最南端。它的东面是南汇的航头,南面是奉贤县,西面是鲁汇镇辖区临江小镇闸港,黄浦江由此折而西流。

读初中前,朱建红有过两段难忘的经历。

小学二年级时,一次订正数学,他很快做好了。拿着已经订正的簿子,排在其他同学后面候批。任课老师的言谈,启智益思……

小学四年级时,一次测验数学,他很快做好了。

朱建红

拿着已经完成的试卷，朝着隔排同学前面晃动。监考老师的举止，启智益思……

童心未泯，企盼未来——

鲁汇中学图书馆，学生与老师的借书有所区别。想借书，想借到书，想借到好书，朱建红颇费心思。驻足观望，余光一瞥，有了！他没有报书名，背出了别人还书卡上的编号。借书员取出别人刚还的长篇小说《野火春风斗古城》，诧异之余，就让他把书借去了。

高一的一堂数学课上，李老师把一道典型的难题反复讲了两遍，问道："你们谁还没有听懂？"一只手举起来了，是朱建红。李老师询问过后，说："好，我再讲一遍。"李老师曾在名校任教，教书名不虚传。

语文期中考试后，朱建红遇到任课老师。闲聊之中，老师对他说:"你这次考到全班第一名,要继续努力。你喜欢看书,我来帮你借。"喜出望外,朱建红对语文的兴趣不亚于数学。

朱建红读高二时,语文由诸老师任教。诸老师是语文教研组长。作文教学中,他要求同桌互相批改,互写评语。一次,朱建红给同桌的评语是:"文笔流畅,但偏题了。"诸老师巡视课堂,看了他的评语,点了点头。

更爱语文,缘于诸老师。诸老师喜藏书,爱看书,为人豪爽。学生看到他在看书,话未出口,诸老师却说:"你喜欢看书,拿去看吧!"看了不少课外书,朱建红对课文——苏轼的《念奴娇·赤壁怀古》,赞叹不已。

考大学时,填报文科志愿。一九八五年,朱建红考取上海师大政教系。一晃四年,毕业在即;三五好友,携手郊游;依依惜别,各抒己怀。美丽的初夏之夜,徐徐降临了。

一九八九年秋,朱建红回母校鲁汇中学教书。十年后,他被调到鲁汇镇另一所学校担任校长。这时,鲁汇镇已归并到闵行区了……

风,轻轻吹过,是新年的春风。

校长格言

风雨兼程,方见彩虹;苦寒孕育,蓓蕾芬芳。

郑少鸣

每次出黑板报是享受荣誉

老校长郑少鸣，感情深挚，沉稳谦和，这与他在青少年时代的发愤读书、精勤求学，是有关系的。

五十多年前，郑少鸣在上海市南市区读小学。他读六年级时，家庭经济拮据了。尽管他出身于教师家庭，但父亲远在鹰潭山区工作，仅靠母亲微薄的收入抚养六个孩子。郑少鸣是老二：上有哥哥一位，下有弟妹双双。

值得回想。成绩优异，他被选为少先队大队长；喜爱绘画，他的作品拿到区里展出。家境困难，日甚一日。直面现实，他忙碌做家务；寄寓未来，他主动分忧愁。

每天早晨，他为妹妹梳头发，扎辫子；时值冬季，还为她们穿棉袄，理书包。晚上烧饭，把漏落在地

郑少鸣

上的白米一一捡起来；粒米有声，在舀米的铁罐中发出轻微的弹响。

家书频仍，父亲病重，思念亲人。十四岁的郑少鸣，带着母亲准备的一季度的油票、糖票，去看望父亲。独自乘火车到了鹰潭，他背着包翻山越岭，走了一天一夜，才见到拄着拐杖等候他的父亲，泪涌双心。

上中学时，母亲要他申请减免学费。他难以启齿。母亲反复催，他这才向校方提出申请，但毫无结果。后来，母亲反复问起这件事，他沉默不语。

一直在做这件事，从小学到初中到高中。他是宣传委员，每次出黑板报，他都视其为享受荣誉。独立完成一件事情，独自品味一个过程。教室里静悄悄的，灯光陪伴着他；归途中静悄悄的，月光陪伴着他。

在多稼中学上初中，艺术院校前来招生，一次又一次，他均未如愿。他始终爱读书，爱看课外书。读《钢铁是怎样炼成的》，保尔·柯察金的那段名言，他读之又读，久久难忘，把它当做座右铭。

父亲回来了，生活依然艰辛。艰辛于他，砥砺节操；内心丰富，感觉敏锐。初中毕业，他考取了市南中学。走近窗明几净的庚子楼，聆听沈俊麟老师的语文课，欣赏《外国民歌二百首》。山深树秀，水涨船高。

三年苦读，学有所成。毕业时，同学告诉他："雷校长请你去一次。"走进校长办公室，雷爱美校长看见他，招呼道："郑少鸣，来来来，坐坐坐！"雷校长祝贺他考取上海师院中文系，她还说了一番勉励的话，情意深长……

大学毕业，他被分配到沪西青浦，在乡村中学任教语文、音乐和美术；若干年后，被调进县城教语文，硕果累累；之后又担任过青浦区教师进修学院院长……从一九六八年到现在，他已从教四十三年。

校长格言

人生要有立意。

徐仲芬

感受平常的日子滋味无穷

“在每个人的心中播下一颗求知的种子！”徐仲芬爽朗地说道。她，是上海市闵行区莘松中学校长，美好的少年时代，给她留下深深的印象。童年的往事，回首难忘。

背着书包，跨进鲁汇小学。这所小学的校舍，原先是一家祠堂，有廊柱，也有天井。天天上学，天天念书。时间飞快，一晃两年过去了。从三年级起，班主任由徐桂芬老师担任。

徐老师的家与徐仲芬的家相距不远，徐老师丰富的内心世界，学生们并不了解。上五年级时，徐老师安排大家表演集体舞蹈。徐仲芬第一次上台表演。她所体验到的，是从未有过的感觉——感觉由羞涩到受人尊重。这段难忘的情感，一直珍藏在她

徐仲芬

的心中。

近邻包江燕，她和徐仲芬出入双双，都在鲁汇中学上初中。包江燕喜欢文科，徐仲芬爱好理科；前者含蓄，后者率真；这个听，那位讲；角色互补，同行默契；质朴相似，知己识彼。若问寒窗者，于今有几多！

日子平常，滋味隽永。早春天未亮，鸿雀深树鸣。青鸟婉转，布谷殷勤。晨光熹微中，小镇渐渐苏醒。学生们匆匆上学，开始寻找，寻找一天的欢乐时光，寻找这欢乐时光带给他们的乐趣，并且慢慢品味。

学校图书馆，是个好去处。课余，同学们聚集在那里，欢乐无比。书，一个人借一本。为借好书，同学们就驻足凝视，静静翻，慢慢看。徐仲芬有别于此。校内有两位学生图书借书员，她是其中之一。

“仲芬——”图书馆中年女教师在叫她，徐仲芬知道新书又来了。她一次竟能借四五本书，借期一周。尽情阅读，欢乐无比。

傍晚，同学们在教室里自修。班主任赵治华老师站立在外面，借灯光反射在玻璃窗上的映像，了解教室里的情况。里面有一点声响，赵老师就走进教室复述出来。惊奇之余，同学们上自修课专心致志，没有一点声音——时间长了，养成自学的习惯。

天天回家，日日相同：感受家庭，感受父母，感受读书。一家五口，父母之外，徐仲芬还有哥哥和妹妹。父亲爱看书，很能讲；母亲极勤劳，很能干。常常能看到父亲讲故事的情景，常常能看到母亲做家务的身影。休憩于父母家人之间。每天晚上，徐仲芬总会翻书看看——时间长了，养成读书的习惯。

初中毕业，徐仲芬和包江燕分别考取她们向往的高中。高中毕业，徐仲芬上了大学。父亲和她的交流从未间断，现在还如此。比如，“你们学校有接送学生的校车吗？校车是黄颜色的吗？”其关爱之情，溢于言表。

校长格言

集思广益，厚积薄发。

杨保华

难忘的初中生活如在眼前

杨保华，上海市市八初级中学校长。他，自江苏到上海工作，至今已跨入第十五个年头……十五年前，他在江苏从事教育工作，那里的一草一木、一砖一瓦，构成了他对往事的记忆……

杨保华，江苏兴化人。兴化是在江苏省中部地区，其北为建湖，东为东台，南为泰州，西为高邮。湖泽广布，水草丰沛；杨柳依依，瓦雀双双。平常人家，衣冠简朴。

今日咸菜汤，明日冬瓜汤；锯木成块，叠块成凳。生活异常艰辛。爷爷在县城工作，他每次回家，或买些带鱼，或买些猪肉。忙碌着洗切烹调，实在是美味佳肴！

吃饭了，爷爷、父母亲、姐姐、杨保华及其弟弟，

杨保华

一家人围桌而坐。爷爷说:“吃饭时不要讲话,吃菜时只能搛自己前面的菜。”

爷爷要求很多,尤其是对杨保华。与姐姐和弟弟相比,杨保华个子不高,身体瘦弱。但爷爷总叮嘱他:“每天上学,衣服一定要穿好,书包一定要背好,红领巾一定要戴好,跑鞋带一定要系好。出门前,要和父母说再见;回家时,要和长辈打招呼。”一番教导后,爷爷强调一句话:“你就按照我的要求去做!”语气非常坚定,不容半点置疑。

母爱深深。杨保华母亲识字虽不多,但她乐于助人。家中困顿,食不果腹。一旦有了好吃的东西,她就会和隔壁邻居分享。小孩之间发生口角，母亲总是责备自己的孩子。孩子极其委曲。一番教导后，母亲强调一句话："你应该在这件事情上吸取教训！"

在乡村中学读初中，生源是来自三个村的孩子。校舍简陋，围墙低矮，场地狭小，师资一般。任教杨保华的多位老师，都是高中刚毕业不久的年轻人。

因式分解中有些题目很难做，杨保华感到非常困惑。李维乾老师让他在办公室里做几道题目，他又做不出；换了一种讲解法，杨保华一听就懂。从此，杨保华开始喜爱数学，校际比赛屡屡得奖，各种考试屡屡高分。读高中、读大学，数学反而成了他的强项。

李老师的家在学校旁边。每天一大早，他就到学校来了，天黑了他还在学校；和学生一起温课，和学生一起就餐，和学生一起娱乐。两年初中，师生情谊；朝夕相处，一直如此。何止李老师，教语文的张金生老师，也是如此；还有其他许多老师。

两个班五六十人，几乎所有学生都考取高中，其中多数人考取重点高中。罕见的奇迹！求学生涯中，唯有这段初中生活，使杨保华久久难忘！

校长格言

勤耕而朴为。

林　贇

母校中感人的事情有很多

上海市松江区仓桥学校，坐落在松江古城的西面。春到江南，景色尤美。校长林贇，年近五十；为人沉稳，步履端方。思往事，想当年，童年的他，就是在松江新浜度过的。

新浜处于松江南端，东邻松江五库，北接青浦小蒸，西南为金山枫泾；地旷湖稠，民风纯朴。林贇的家乡在林家埭，靠近新浜小镇。

在村校读书，林贇品学兼优，一直担任班长。小学四五年级，他母亲生病，躺在医院里。尽管林贇有四个哥哥，兄弟中数他最小，但长兄们有的参军，有的务农。年仅十二岁的林贇，担负起照顾母亲的任务。

两个星期过去了，林贇还在照顾母亲。母亲出

林 贇

院后，班主任高德福前来家访。高老师生怕林贇辍学，就对林贇父母讲了孩子读书的重要性。高老师住在隔壁村，乡音亲切，话语贴心。第二天，林贇上学去了。

在新浜中学上初中，听彭雪花老师辅导作文。彭老师出口成章，思路开阔，几分钟就能讲出一个又一个作文的开头。才思滔滔不绝，文泉汩汩奔涌。同学们听啊听，记啊记，写啊写，其实作文并不难。

陈向华老师教政治，盛根妹老师教化学；夫妻教书，伉俪情深。陈老师书法漂亮，字迹工整，他搜集并用蜡纸刻出来的政治复习题，内容翔实，条理清楚；油墨芳香，嘉惠学子。

有一次，林贇因忙于干农活，几天没去上学。陈向华、盛根妹两位老师来家访了。陈老师勉励林贇："你完全能够考取理想的中学，不要浪费自己的青春。"盛根妹老师兢兢业业。直到临产那一天，她还在上课，同学们感动不已。良师美德，乡风远播。

林贇是物理课代表，初中毕业他以优异的成绩考取松江一中。读高中时，他担任语文课代表，深受语文老师邹颖的器重。

住校读高中，林贇起初不习惯。邹老师对他关爱有加。邹老师，矮个子，嗓音响，脾气爽。上课时吟诵岳飞的《满江红》，她声情并茂，余音绕梁，师生们陶醉其中。平时，邹老师把林贇叫在身边，或为他辅导语文，或让他担任助手。林贇钮扣掉了，衣服破了，邹老师替他钉上、补好。暖暖针线爱，绵绵师生情……难忘的事情有很多。比如，顾宝琮老师上化学课，风趣幽默，简洁明了；化难为易，浅显通达。学生们听他上课，是一种享受。

林贇大学毕业，回到母校新浜中学教书。上好一堂课，走出教室的一瞬间，林贇对这堂课上得成功与否，心中的答案就很清楚了。一日一思，一课一得。他带教初三毕业班二十余年，教物理春华秋实，育人才传道授业……

（注：林贇校长名字用繁体字）

校长格言

事在课外，功在课内。

尹纪平

初中开启美丽的人生景象

上海市金汇实验学校校长尹纪平，上海奉贤庄行人。其生于乡，其长于村；就之朴实，望之憨厚。

小学毕业，尹纪平进了三个村合并的芦泾中学，上了初中。

校舍简陋，一览无余。就读初一，英语为起始学科，同学们从二十六个字母学起，尹纪平也跟着学。初一这一年，匆匆而过。

从初二起，英语由杨明哲老师任教。杨老师学英语之刻苦、之勤奋、之钻研，是有口皆碑的。她教书，也是这样。初二第一学期期中考试，尹纪平的英语，考到全班第一；他各门功课的平均分，跃居全班第五。前所未有的收获，实在是出人意料！

百感交集，见贤思齐。老师以惊喜的目光看待

尹纪平

他，同学以惊羡的目光看待他，父母以惊叹的目光看待他；而他自己，则深长思之……心灵之门，訇然而开。听课有滋味，作业有感觉；求知者获，求索者得。他日日新又日新，日新月异。青春年华，充实又踏实。

何止杨老师，还有班主任陆正兴老师。他五十多岁了，和学生一起打球，似年轻人，生龙活虎，以此达情；他上政治课，和学生一起研讨，严肃认真，条理清楚，以此达意。

何止一位又一位老师，还有尹纪平的父母。他们都是普通农民，田间劳作，异常辛苦，且收入微薄。尹纪平是兄长，他有一个弟弟。尽管尹家只有兄弟俩，但父母未能绘就孩子未来发展的蓝图。尹纪平发奋苦读，父母看在眼里，暗自称赞。

尹纪平就读的这个班，共三十余人。初中毕业考高中，班里竟有十多位同学考取奉贤中学，尹纪平是其中之一。一九八四年秋，他进奉贤中学住校读书，跨出人生第一步。

钟明德老师教语文，字斟句酌。他从一个字、一个词、一个词组、一句句子，解释出典，分析词性；他也从学生的姓名谈及其父母起名的含义，勉励他们刻苦求学。奚定华老师教数学，印象深刻；李逢伍老师教化学，令人难忘。

又何止这些老师，还有同学的情和同学的谊，惬意适然。全班二十多位男生，住一间大宿舍。大宿舍是平房，大家同吃，同住，同游，同乐。一人疑虑，众口解惑；风成化习，相得益彰。回味，则无穷无尽。

高中住读，大学也住读。尹纪平每周回家一次，爷爷每周给他两元钱，父母每月给他十元钱……

回首往事，尹纪平说："当时家境贫困，我能获得长辈如此丰厚的资助，是他们对我求学的理解和支持。爱在其中……"

校长格言

淡定从容，收获成功。

翁文华

再度回味老师执教的方法

古镇柘林，镶嵌在杭州湾畔。上海市奉贤区青村中学校长翁文华，她的童年时代就是在那里度过的。

翁文华的家在柘林镇西郊，离镇不很远，相距几里路。小径曲盘盘，田野草青青。上学路上，呼朋引伴；放学途中，携侣挈友。都是村里的孩童，同行者趣味良多！

想读书、爱读书，翁文华一如既往，习以为常。哪一天不上学，她心里难过：可以和那么多好友一起相处，可以和那么多良师共度时光。下雨天，行路难，她先在小腿裤绑上塑料袋，并用绳子扎紧，然后才出门。暴雨滂沱，道路泥泞。每走一步，都会颤滑。伞撑不住，上下翻飞，她用力收伞。过桥时，

翁文华

她蹲下来,从没有栏杆的水泥桥上爬了过去……进校前先冲洗干净,她从书包里取出袜子,穿好后走进学校,新的一天又开始了。

作文写《记我的一件小事》。翁文华是班长,她在作文中写了自己负责出黑板报的构思:和小伙伴一起分工合作,耕耘肥沃的田野。这里画几只蝴蝶,那里画一些花草;蝴蝶起舞翩翩,花草生机勃勃;字里行间,流光溢彩。老师批阅作文,夸奖她:"这个小朋友想象力多么丰富啊!"此番赞许,使她信心倍增。

父母忙于工作,翁文华感受深切。父亲在县城南桥工作,骑车上班一小时，下班回来一小时；居家不闲，瓜果满架。母亲教书之余，操持家务；每晚辛苦过后，她就翻检翁文华的作业。母女契合，天天如此，日日相伴。

一九八〇年，翁文华毕业于柘林小学，考上县重点奉贤中学。她读初中时，全家搬进了县城；乔迁之喜，她求学方便了。初中毕业考取本校，翁文华在奉贤中学就读高中。

李逢伍老师教化学，几堂课上下来，翁文华都没有举手发言。课后，李老师问翁文华："你怎么上课不举手？你要把学到的内容讲出来。"多次叮嘱，春风化雨，暖在心头。

奚定华老师教数学，他上课，娓娓道来。一道立体几何题，他解析过半，大家全都会做了。他讲课，注重阐述知识形成的过程。

陆正东老师教数学，他上课，条理清楚。一堂课，一黑板板书：板书从左上角写起，写到右下角为止；其中用不同颜色的粉笔标示，指出例题的重点或难点。同学们观前阅后，静思默想；条分缕析，化难为易……

填报师范院校、填报数学专业，翁文华考上了大学。

走上教育岗位后，翁文华还是不断得到陆正东老师的指点。从教三年后，她在区、市、全国教学评比中不断获奖，硕果累累。

校长格言

在进取中度过拥有理性的人生。

柏　彬

爱的种子根植于少年时代

文来中学紧连七宝中学，都位于上海市闵行区农南路上。文来中学校长柏彬，一九九七年毕业于上海师大中文系。他想当教师、爱当教师，这个心愿由来已久。

最初的学步，开始是在上海市虹口区。柏彬在虹口区邢家桥南路小学读书。每天清晨，母亲总为柏彬做好可口的早餐，催他快吃。日复一日、月复一月、年复一年，寒暑不辍。

上学期间，天天带米蒸饭。有一次，柏彬上学时把米弄撒了。生怕迟到，他带着空饭盒匆匆进校。中午，同学们三五成群，聚在一起吃饭。没饭吃，柏彬想找个地方躲避一下，可是学校太小，赵素筠老师很快知道了这件事，她把柏彬叫到办公室。赵老

柏　彬

师打开自己的那盒饭，在盒盖上拨出一半饭菜，把仅有的一只荷包蛋放在上面，还把不锈钢调羹递给柏彬，说："你先吃吧。"柏彬很快吃完饭，向赵老师鞠躬道谢过后，这才回到教室。

柏彬以年级第一名的成绩，考取区重点虹口中学。刚进校，柏彬贪玩，将母亲的叮嘱抛之脑后。母子之间的对话，数月才一次。这段时期，母亲的选择是静静无语，默默承受。直到初三那年，柏彬得知班上很多同学，被提前推荐进了重点中学。此刻的他，才奋起直追。初三毕业，他考入市重点格致中学。

高一时，柏彬看到《新民晚报》举办"我心目中的十六岁"征文。他把自己考高中的感受写出来，寄了出去。文章荣获三等奖，收录在征文集中。那天下午，柏彬去报社领奖，这之后的无数个下午，他与书为伴。

星期天，柏彬到福州路书店去买书。久而久之，他发现小弄堂里的书摊，书价更便宜。读书之乐，有淘书之乐作为铺垫，兴趣更浓了。每当放学回家，柏彬就与同学趣谈读书，这是他们一天中最快乐的时光。

读书活跃思想，开阔眼界。想去考古、想做律师、想当教师，柏彬的想法纷至沓来。然而，坐在教室里听老师上课，一节节课听下来，时间一长，柏彬的志向渐渐清晰了："我是最适合做教师的。"目标既定，温课迎考。

一家三口，蛰居在十几个平方米的小阁楼里。夜幕降临，柏彬在家温习功课，父母总是外出逛街，天天如此。而且，一连数月父母没有看过电视。柏彬后来知道，父母这样做，是为他营造一个安静的学习环境。

一九九三年，柏彬被推荐进了上海师大中文系。读书期间，父亲每周给他五十元零花钱。柏彬有了意中人，父亲察觉后对他说："每周给一百元，五十元用起来很紧张的。"父爱深深。

大学毕业，柏彬当上了老师，以偿夙愿。

校长格言

静待花开，需要包容和等待。

黄　正

逐步了解和理解父亲的爱

黄正，上海市第十中学校长。她出身于教师家庭：父亲是大学教师，母亲是小学教师。一路走过来，她对父亲的了解逐步深入，与日俱增。

黄正小学考初中，是在一九七九年。那时候，她的哥哥、姐姐已先后考取市重点格致中学。兄妹三个，数她最小。现在，挨到她考初中了，可事与愿违啊！黄正数学得满分，语文不太理想，结果考取培光中学这所普通中学。她满面愁容。

父亲带黄正去玩，或去文化宫，或去青年宫，或去图书馆，还去跑书店，买她喜欢看的书。父亲对她说："你知道吗？我在读中学时，有的学科也考得不理想。这次考得不好，你不要气馁，在培光中学读初中，也不错呀！"

黄　正

培光中学在贵州路上,它临近南京东路。黄正上学或放学,都要穿过熙熙攘攘的人群。白天,校园里书声朗朗。

作文写《我的一家》,父亲是主角。“父亲爱买书,有的书很贵,他请营业员留着书,下个月领了工资支付……我曾去买熟菜,一包花生买回家,打开一看,却全是硬币。父亲包好它,陪着我把钱还给店主……父亲在饭馆卖筹子,我去为他送晚饭。他让我远离柜台,结完账这才吃饭……”“好作文!”老师在自己班讲评,在隔壁班介绍,黄正深受鼓舞。

在校读书,黄正成绩优秀。她喜欢这里的老师,萌生了报考中师的想法。初三毕业前的家长会上,班主任王菈对黄正的母亲说:“我希望你女儿考高中,高中一定要读。高中毕业还是可以考师范院校的。”黄正父母商量后,鼓励女儿考高中。

考高中因为志愿填报的关系,黄正与区重点失之交臂,在培光中学读高中。过了好几天，父亲对她说："你虽然没考上理想的高中，但你的能力还是在的。一个人的能力，总有一天是会发挥出来的……"话语实实在在。

母校读书，关爱有加。黄正读初中，是班级文娱委员；读高中，是学校团委干部。高三毕业时，沈焕荣校长找她谈话："能不能在毕业生中留个人当教师？有这样一次机会，你去征求一下父母的意见。"

一九八五年夏，黄正留校任教。任教八年后，黄正准备出国。父亲对她说："当教师很好。从长远看，你是很适合当教师的。你到国外去，无依无靠，白手起家，你有独立生活的能力吗？去还是不去，你自己想清楚……"语言委婉，道理明确……

黄正从教至今，已有二十七年。她对父亲的理解逐步深入，与日俱增。

校长格言

教育，更多的是开发人的内在潜能。

朱学清

几十年如一日治学无止境

朱学清，上海外国语大学松江外国语学校校长，一九五七年生于上海松江佘山。佘山，是这位农家子弟人生故事开始的地方。

记得九岁那年，朱学清和弟弟一起去玩。忽然发现弟弟不见了，大家四处去找。河水湍急，似浅实深。弟弟掉在河里，朱学清惊恐万状，拼命拉住弟弟的小脚，迅速拖住弟弟，上岸后把他抱回家。那天傍晚，他站立在家中，凝视着躺着的弟弟。母亲和妹妹在一旁静候。这一夜，他们都难以入眠。以后，母亲出门干活去，就把他们锁在家里。朱学清和弟弟逢人就喊，他们要出去，要去亲近大自然。

家境贫寒，物力维艰。朱学清的父亲在外面当烧窑师傅，母亲和孩子们一起生活。一只咸蛋一分

朱学清

为四，母亲让孩子先拿。三个孩子你看着我，我看着你，都不肯拿。母亲说："大哥先拿。"朱学清挑了个最小、蛋黄最少的一瓣。接下来轮到弟弟、妹妹挑。他们把最大、蛋黄最多的一瓣留给母亲。母亲要分一点给孩子，大家相互谦让，不肯要。看着瘦小的孩子，母亲把他们搂在怀里，哭了。

朱学清的父亲，干过多种活。他当烧窑师傅，功夫不一般，能设计石灰窑，能盘窑，还能烧出上等的石灰石。他还是养鸭和捉鱼的行家里手，干活勤快，吃苦耐劳。他常给孩子带点好吃的食品，而子女心中磨灭不去的，却是父亲坚毅而质朴的形象。

在村里耕读小学读书，朱学清认识了殷老师。殷老师是个大姑娘，比孩子们年长几岁。青春书写在她的脸上，洋溢在她的身上。孩子们跟着她，伴着她，围着她，喜欢她。

一所小学一个老师。殷老师既当"校长"，又当班主任，任教三个年级的语文、算术和唱歌。教复式班很忙，殷老师就请学习成绩不错的同学当"小先生"。有一次，殷老师病假，她就请朱学清"代课"。朱学清认真地给弟妹上课，和他们一起做作业，坚持半天，下午放学。

放学后，同学们尽情地玩。童年的岁月，充盈在他们的指缝间、脚底下、身躯中，慢慢地滋养着他们。

朱学清在江秋五七学校求学，初中两年制。一位老师要任教多门学科、多个年级，这段经历，朱学清感受尤深。及至参加工作，他在家乡的小学教书，也任教过多门学科、多个年级。他爱语文，就是从这时开始的。

二十世纪八十年代初，朱学清有了心上人，她在医院工作，喜爱读书。女方的母亲是教师，她问朱学清："你看中我女儿什么？"朱学清笑道："秧好稻好，娘好囡好。"朱学清治学几十年，妻子和岳父、岳母，倾力相助。

校长格言

学习无止境，学好无止境，学通无止境。

敖忠明

校园生活是如此令人难忘

前些天，上海市航华二中校长敖忠明，谈起了他的往事。

敖忠明，一九七一年生。他的家乡岑川，地处湖南省岳阳市平江县西北部，位于平江、汨罗、岳阳三县(市)交界处。相传唐朝诗人说过："小山为岑，小溪为川。"小镇岑川，由此而得名。岑川小矣，如珠如玉。

谈起了龙盘小学。龙盘小学就在龙盘村上，这是一所村校。村校之小，可想而知。小学五年制：一、二年级为初小，三、四、五年级为高小。初小为起始年级，启蒙很重要。农家子弟，求知心切。所幸的是，敖忠明遇到周稳平老师。周老师既教语文，又教数学，兼教音体美。教师课外的吹拉弹唱，

敖忠明

在孩子们眼中，新鲜异常，感觉奇特。所幸的是，读高小时，敖忠明也遇到像周稳平那样的“全科”老师——吴可辉。山区的小学里，童趣盎然，生机勃勃。

谈起了岑川中学。教语文的朱挺芳老师，喜爱文学和艺术。他上课风趣幽默，不拘形式，引经据典，信手拈来。他订阅的文学杂志，敖忠明捧读之后，也喜欢上了它。敖忠明爱听朱老师弹琴唱歌，亲近感油然而生。同样吸引敖忠明注意力的还有吴其桢老师。吴老师教物理，上课充满激情，嗓音高亢，余音绕梁。细细回味，吴老师上课极其投入，这是他在奉献爱。

谈起了平江三中。冯昌荣老师教历史，担任班主任。他态度之温和，常人难以企及；与人相处，奉行“温良恭俭让”，风和雨细，日暖春温。学生有过错，冯老师就拍拍他的肩膀，轻声说道：“到我办公室来一下。”这句话，学生们耳熟能详。冯老师定期找同学谈心，聊聊家常，嘘寒问暖，帮助他们排忧解难。

教音乐的方为民老师，出身于艺术世家，他能把在校的十几位老师组成一个乐队，二胡、三弦、笛子、唢呐、柳琴等民乐高手，一应俱全。学校的文娱活动，丰富多彩。敖忠明跟方老师学弹琴，方老师个别辅导他，从不收费。有一次，敖忠明送方老师一只鸡，聊表谢意。方老师坚辞不肯受，这是他的一贯作风。

任教语文的方予老师，是湖南作协会员、名牌杂志特约撰稿人，写作尤有心得。他做事不浮躁，有风骨；教书功底深厚，分析课文有思想，有深度。敖忠明高中语文学得好，高考作文写得好，方老师功不可没！

回味往事，敖忠明说："当年，我在山区的小学读书，老师一专多能；以后读初中，读高中，也遇到过这样的老师。校园生活之所以难忘，是因为其中的不少老师，至今还在关心我的工作和生活。"

校长格言

品行是人生的根基。

万国良

高中时代常读外语小卡片

杏花春雨，二月东风。

车经闵行过西渡到南桥，转车东南行。来到了奉贤钱桥，来到了钱桥学校，来到了学校三楼。校长万国良，上海奉贤光明人，四十多岁。钟情《陋室铭》，水深山高；闻道《爱莲说》，香远益清。

求学之初，母亲的话耳熟能详："三岁看八岁，八岁看终生。"万家兄弟俩，万国良是弟弟，他不知道哥哥对这句话感受如何。习惯滋养童心，事半功倍；行为铸就人生，滴水穿石。

稚童蒙求，嫩黄初绿。天天听课，常常辨析。万国良是农民的孩子，他渐渐体会到，母亲的教诲符合农民的表达方式，话语朴素又不乏真知灼见。他对人生的理解，是由回味母亲的话开始的。

万国良

读初中时，万国良被学校推荐参加作文比赛。作文卷的提示是：什么是“散文”？什么是“形散而神不散”？请根据其特点，写一篇散文。“老师上课没讲过呀！”万国良一片茫然，文章显然没写好。

心中有牵挂，万国良喜爱语文，尤其爱古文。因为《陋室铭》《爱莲说》，诵读一韵到底，背记一气呵成，默写一往情深。学有心得，再听母亲说的话“教出来的是蠢气，学出来的是志气”，万国良深有体会。

无论在光明中学读书，还是在致远高中读书，学校的走廊里、教室的墙面上，有书法、有绘画；有校训，有格言。环境幽美。求学中，万国良反复比较老师的讲解和母亲的教诲。老师说：“同学们，知识改变命运！”母亲说：“孩子们，要靠书包翻身！”异语同质。

读高中时，万国良是物理课代表。他物理成绩的排名，在全年级是领先的；化学成绩，同样如此；但外语拖后腿，跟不上。父母期望他："你最起码考取中专。"此时此刻，万国良对自己也是有所要求的。

读高三时，外语由班主任唐兆明任教。他告诉万国良："我女儿有外语小卡片，她在读。你去买，买来读。"一试，果然灵验。

一次闲谈中，唐老师与万国良谈起他当兵和求学的经历，还谈到他爱人也是奉贤光明人，并希望万国良考大学。"一种特殊的交流，一幅美丽的蓝图！"万国良事后说道。

一九九一年，万国良考取上海师大数学系。第一堂数学课讲到二十多页，简述概略而已。大学老师开宗明义："让你上大学四年，老师只是担任图书管理员角色，领你进门，告诉你这里有什么书，再交给你一把钥匙。"要上新台阶，还得靠自学。学生们相互帮助，共同探讨。

万国良对学习方法的研究，由此开始了。

校长格言

把学生当子女，把教师当家人。

庄惠娥

爱体育爱生物更加爱读书

上海市奉贤区塘外中学校长庄惠娥，年届五十。其言温婉，其语和缓；不激不厉，声润自远。

当年她进建国小学，那是一所村校。这所小小的村校，坐落在奉贤南桥附近的郊外。旷野多趣，小桥流水；湖港多树，风淡云轻。无数次上学或放学，孩子们都有这萋萋芳草之陪伴。每逢下雨，歪斜的脚印深深浅浅，留在了乡间，留在了蜿蜒的小路上。

学校的操场也如此，一下雨，积水潭深。而晴空万里之时，学生们欢声笑语，红红绿绿。尤其是早晨，同学们排队进校的那一刻，朝气蓬勃的一天开始了。每当下午放学，同学们以邻为友，领队的挥舞着小红旗，各个村的学友排成一队，沿着弯曲的

庄惠娥

小路走回家。

在校读书双百分制，只考语文和数学两门学科。庄惠娥读春季班，年终大考，考试阅卷结束，学校把成绩优秀的学生一一圈出，敲锣打鼓、挨家挨户发送成绩单。学生的家长都是冒着严寒在田里劳动的农民。报喜的锣鼓敲到田间。村里哪个孩子读书好，大家不仅知道，而且纷纷夸赞，其中总有庄惠娥！

在立新中学读书，庄惠娥身材修长，酷爱体育运动。清早学射击，下午练跑步。对此，她颇有心得。学射击，趴在地上，持枪，屏住呼吸，凝视靶子；微调片刻，排除干扰，安静镇定，目视靶心；然后射击，弹无虚发。练跑步，一圈又一圈，尤其是中长跑，学会呼吸，掌握步幅，控制节奏，奋力冲刺；体力、耐力、毅力，身体达到极限后，人还能坚持多久？还能超越这种极限吗？磨砺人之身心意志者，无不在此时此刻。关爱者无不为此情此景情动于衷。

任教体育的吴承生老师，是其中的一位。吴老师，无奇思，无奇言，无奇行，一切归于平淡，说话极为和缓。然而，学生就是爱听他的讲话，灵犀相通；站立在他的身边，会产生一种依赖感，备受关爱。

又何止是吴老师？任教生物的田光融老师，也是其中的另一位。田老师和同学们，年龄相差很大。他上课，既能归纳，又会演绎；深入浅出，风趣幽默。庄惠娥渐渐喜欢上了生物学科。考大学时，她填报的志愿是：生物。如愿以偿。

庄惠娥在基层单位，工作八年；后来调到教师进修学院，工作十八年。她长期担任学科教研员，尤其喜爱一句话："我们往往只看到事物的现象，现象未必是事物的本质。"这十八年，使她的性情不急不躁，处事和缓。

三年前，庄惠娥担任塘外中学校长。

校长格言

种树者必培其根，种德者必养其心。

孙海华

高中时代拓展人生的宽度

上海市奉贤区西渡学校校长孙海华,钟爱语文,多才多艺。"三人行,有吾师;三人谈,益吾智。"对此,他体会尤深。

孙海华,一九六七年生,奉贤四团人。说是四团,实为四团乡下的夏家村。祖上贫寒,父亲持家。弯弯曲曲,高高低低;小径健足,微温滋心。傍晚,父亲拿着鱼篓外出;清早,父亲拎着鱼虾归来。风餐露宿,养家糊口。

父亲是大队的水电工,他后来被调到公社,担任水电站站长。虽然只有高小文化程度,但他发愤图强、钻研技术,其付出之大是可想而知的。乡风播美名,可以送八方。

孙家两兄弟,孙海华还有一个哥哥。在孙海华

孙海华

读小学五年级到中学初二这三年中，哥哥生病，之后谢世。这三年中，父亲四处奔波，借钱为哥哥治病的背影，孙海华都记在心里。

鹡鸰在原，曾经沧海。按理说，孙海华成为独子，父母会对他关爱有加。但父亲不露悲伤，他还是要求孙海华：该做的功课要做好，该做的家务要做好。这一年，父亲举债七百元，造了两间平房，生活井井有条。

一九七九年，孙海华从村校考上已恢复为县重点的曙光中学。这种特例，发生在孙海华身上，决非偶然。少儿时代，是多梦的年华。眼前春意满，一望弥千里。

初中三年，匆匆而过。还是在母校曙光中学读书，孙海华的高中生活开始了。

潘增圭老师教语文，她上课，先要抽查同学的预习情况，逐一进行打分。每堂课如此，从来不含糊。有一次，孙海华作文没交，潘老师找他个别谈话："你是班长，作文没完成？"当晚，住宿生都睡了。在学校的路灯下，孙海华写好了这篇作文，第二天一早交上去了。

校际演讲比赛即将举行，想不到参赛选手孙海华病了。他去就医，取化验报告还要等几天。潘老师到宿舍来看望他，她只是询问孙海华的病情，希望他早日康复。孙海华能体会潘老师细腻的感情，羸弱者敏感而多思。

从爱老师开始爱语文。孙海华听过张大文老师教语文，条理清楚；受到过张老师单独辅导，记忆犹新。学校在高三年级分文、理科班，孙海华选择文科班，因缘有自。

龚龙明老师教历史，他是高三文科班的班主任。全班十二位男同学的生日，他都记在心上。某位同学生日的这一天，龚老师就和十二位同学一起，到奉城镇上吃一碗排骨面。每位同学过生日吃面，钱均由龚老师支付。

高考之前，龚老师给班上每位同学赠书一本，孙海华得到的是《人生哲学 ABC》。高考过后，龚老师和男同学一起骑车去杭州游览，西湖十景，美轮美奂，如在画中。

一九八五年，孙海华考取上海师大中文系。

校长格言

教师的本领是读懂学生的心。

朱　靖

二十多年前相与共数朝暮

上海市闵行二中校长朱靖，高中毕业于七宝中学。二十多年过去了，每当谈到求学的经历，此情此景，如在眼前。

朱靖童年的脚步，起于秀美的江南——春山澹冶夏山翠，秋山明净冬山睡。雨后微波亮，风过浅草香——已而十年，一过匆匆。

穿其街，走其巷，进其城，就其读。一九八四年，朱靖初中毕业，考取七宝中学。

走过一间间教室，走近一位位老师。何老师教化学，他上课没有赘语。即使是重要公式的解析、重要提示的解读，他语速均匀，并能准确地表述出来。这有助于同学的记忆与思考，细嚼慢咽，滋味无穷。

朱　靖

学化学，扑朔迷离，重岩叠嶂：一学期过去了，同学乐此不疲，获益匪浅；一学年过去了，朱靖渐入佳境，趣味良多。

王老师任教英语。阅读从速，默写从快；重重复复，终终始始；幽潭嵌壁，一泻千里。如此教学，同学起先难以适应，时间长了，这才习惯。王老师上课，要求严格，不分彼此，一视同仁，同学由此敬畏她。

宋老师教物理，一字一顿，有节奏感。他推导公式，相伴着他思考的过程，传情达意。听课者身临其境，专心致志。

谈老师教历史，驾轻就熟。一连几堂课，他都在讲拿破仑的故事：电视剧《拿破仑》正在播映，这是热点，大家听得津津有味。意犹未尽，不少人还找来这方面的书，一睹为快，兴趣盎然。学历史，乐在其中。

教政治的老师激情澎湃，只要同学说出“我认为”等词语，这位老师极其重视、极为欣赏、极口赞扬，充分肯定同学的个性与见解，集思广益，以抒其怀。

数学由班主任裴老师任教。裴老师上课，一支粉笔，一道道题目慢慢演绎出来，其思维方式也慢慢阐述出来。

有一次，裴老师说："班上有两位同学，生日是在同一天的。"全班四十多位同学，面面相觑。裴老师说："你们不信？如果没有，本人买个大蛋糕；如果有，你们买个大蛋糕！"同学逐一报出自己的生日，果然有两位同学，同年同月同日生。裴老师说："这不是凑巧，是'概率'，新课就讲这个内容。"

又上新课了，裴老师讲起路遥的《人生》。何谓"人生"？大家都在思考。高中毕业，同学都交出各自的一份答卷。

一九八七年，朱靖考取华东师大化学系：要学化学，要当老师；千里之行，始于足下。这条路，她在走。

——二十多年就这样过去了。

校长格言

热爱学生，是师德的核心。

钱梦龙

让更多的人拥有这种力量

上海市民办桃李园学校名誉校长钱梦龙，刻苦自学，由来已久。

二十世纪四十年代，从读小学到读初二的钱梦龙，因为读书成绩差，一直被人讥为"聪明面孔笨肚肠"。他读小学五年级时，有一次教语文的武钟英老师找他谈话，递给他一本字典，说："人家说你笨，如果你能学会查字典，就能证明你不笨。"布置任务后，每当教新课，武老师总让他把课文中生字的音形义从字典中查出来，抄在黑板上供同学学习。这一鼓励生效了。钱梦龙小学毕业，老师的评语是："该生天资聪颖。"

一扇门打开了，那就是刻苦自学。钱梦龙依靠翻查《辞海》和《诗韵合璧》，读懂了《唐诗三百首》中

钱梦龙

大部分诗篇，以后还无师自通地弄懂了格律诗的平仄声；由读唐诗扩大到其他朝代的古诗文，又由读古诗文扩大到读现代文学作品。到初三时，他所读的书已远远超出当时初中生的阅读范围。知识丰富了，视野宽阔了，天地为之一新。

广泛的阅读，钱梦龙的各科成绩都提高了。语文成绩在班里遥遥领先，而且还学得轻松，学得自在，学得不累。用一句时髦的话来说，就是有点“潇洒”。原因很简单，他从自学的经验中总结出好几条提高学习效率的方法。这正如他所说的：“靠的是‘得法’。”

何谓“得法”？比如，阅读中他认为是比较重要的文章，总要把文章的要点复述出来，而且一定是用自己的语言复述出来。如此这般，别人文章的精华就成为他自己的语言，成为了一种营养，溶入于他的身体。把握了文章的要点之后，他还要凭借生活的体会去印证、补充，使其更加坚固，血肉更加丰满。这样的读书，常有一种“贴心感”，心里踏实，又可以激发出参与精神劳动创造所拥有的特殊的感觉。

一九四九年，钱梦龙开始从教。还和以前一样，靠自学，从头越。漫长的人生开始了，自学之路同样开始了。一步一个脚印，钱梦龙从教材教法入手，解析课文的结构、语言、文字，工整的板书紧随其后，还有学习心得。

二十世纪八十年代，他应邀到其他学校去上课，课文《多收了三五斗》，是他精心备选的篇目。他上课，娓娓道来。

两年前，《名家出题》栏目“相信个人的力量”的解读文章及作文请他点评。稿件送到府上，他苦叹道，“我是已过八十的人了”；又常听人说：“老人家一向深居简出”。——几天后，一篇《思辨的力量》发过来了，字清句丽，近照也很出彩。读罢文章，这才知道：宝刀不老！

校长格言

成才要靠自学。

李建黎

中学时代寻找人生的理想

南汇实验学校校长李建黎，话语明快，举止轻松。他来到这所学校，任职已经九年，被同学们昵称为“老李”。有如此收获，其乐也融融，而他引以为豪，传为美谈。

李建黎的老家曾在上海宝山，李家后来南迁，就来到南汇祝桥镇。一九六一年，李建黎出生在这个小镇上。李建黎有一个哥哥、一个姐姐。兄妹三人中，他不仅年纪小，而且体弱多病，家人对他关爱有加。

李建黎的父亲是教师，其母亲也是教师。李建黎上小学前至中学毕业后，这十余年中，他的父亲却在当地务农。经济收入微薄，可是生活还是平静地过了下来。父亲叮嘱子女：“你们要把自己的事

李建黎

情做好。”

小时候，李建黎经常去上海市区看病。他在小镇上候车，车来了，乘上去；一路泥尘，一路摇晃。心智在路途中渐渐成熟，毅力在行进中慢慢坚强。这段值得铭记的岁月，开始于他的童年时代。

李建黎上了中学，他与哥哥、姐姐一样，就近入学，都在祝桥中学读书。

李建黎的班主任俞在明老师，任教语文兼政治。有一次，俞老师找李建黎谈话，动员他担任副班长。长期被人忽视的李建黎，只有在俞老师的眼中明亮起来。俞老师鼓励他：“好好读书，好好做人，你要成为大家的榜样。”从那时起一直到现在，李建黎把俞老师看成人生的“导师”。

俞老师年长同学们十来岁，平时他住在学校。谁有事情，都能找到他。俞老师推荐同学阅读课外书籍，李建黎颇有兴趣。他看《钢铁是怎样炼成的》，印象尤其深刻，从而使他在读中学之初，就开始思考人生的意义。

俞老师在学校建立"气象站"，有五六位同学参加。每天早晨六时，李建黎到学校测量气温；每天傍晚六时，他测好气温后才回家。周末，俞老师与同学结伴，来到镇上的茶馆，坐下来，听老农讲谚语，辨识气象。

小镇虽小，亦有趣味。到校办厂学工，到野外采草药。校园内外的生活，快乐多多。

一九七八年，李建黎作为应届生，考取上海师大数学系；他的哥哥是历届生，考取合肥工业大学。一九八二年，李建黎大学毕业，回到祝桥中学任教。他在那里工作，十九年精耕细作，工作勤勉。

十一年前，李建黎赴云南支教，担任心理辅导老师；九年前，他回上海，来到现在的这所学校。岁月如山，往事如水。谈起求学的生活，李建黎就会谈起俞老师。

一个人对另一个人的影响，如此巨大！

校长格言

敬老师，重学生。

汤　林

身体紧紧贴在老师的背上

江西省广昌县，地处赣之东南、武夷山之西麓，是赣、粤、闽三省的交通要冲。“道通闽广，郡属建昌”，广昌，这个近九百年历史的县城，由此而得名。江西第二大河——抚河，发源于此。水流南北，岸阔东西。

上海浦江一中校长汤林，他的童声话语，留在了广昌县苦竹镇。汤家东迁后就落户于广昌县盱江镇，其求学又始于广昌二小。

烈士陵园中，一课难忘。廖老县长是年逾花甲的红军老战士。他坐在烈士陵园高高的台阶上，阳光普照。学生们都坐在台阶之下，听他讲述当年战争的景象。老人不识字，而述及往事，声泪俱下，感人至深。

汤　林

童趣无限,顽皮不已。小学四年,一晃而过。汤林语文欠佳。汤林的父母都是教师,他们对三个儿子的学习非常关心。尤其是母亲,她想方设法与老师沟通,尽力要把汤林的语文补上去。

黄炎老师接替五年级班主任。开学了,他得知汤林母亲心情郁结,前去家访。午后行程四五公里,骑车而行。汤林坐在车后。山坡陡峭,道路蜿蜒,一路弹跳。汤林要步行,黄老师不依他。烈日高悬,汗如雨下,黄老师的背心湿透了,衬衫也湿透了。汤林紧紧贴在黄老师瘦弱的躯背上,热爱教师之情,油然而生。

小学毕业,汤林考取广昌二中。汤林喜欢画画,深受其父亲的影响。他的父亲是画家。江文校长教美术,看见汤林的绘画,随口赞道:“画得像他爸爸一样好!”“像他爸爸一样好?”汤林诧异不已,更喜欢绘画了。

汤林的绘画《我们的学校》，受到学校的推荐，入选盱江县师生书画展。学校里有关美术的活动，老师一致看好汤林，都由他完成。从美术到文学，汤林一有空就捧读古典名著；不仅读，而且抄；习以为常，沉浸其中。

江文校长高情盛意，厚爱本校初三学子。汤林续考母校，在广昌二中读高中。

班主任张玉平，大学刚毕业，理科教师。汤林来到张老师家，翻看书桌上的教科书；感觉不过瘾，借书回家看。还书时，张老师问他书中的内容，汤林对答如流。再借书，再还书；一问一答，循环往复；日积月累，博览群书。

临近高考，英语教师突然生病，毕业班师生陷入困境。江文校长立即召集师生。他希望大家在有限的时间内，实现预定的目标。一番话，荡气回肠；一席谈，暖风惊绿。

喜爱数学，愿做教师。汤林高中毕业，跨入高等学府，心想事成。——那是一九九一年秋天开始的故事。

校长格言

天生其人，地育其才。

张文灿

从小喜欢打排球时至于今

张文灿，上海市宣桥学校校长。一九八二年，他十六岁那年，考取上海师范大学生物系。一九八六年大学毕业，他被分配在熟悉的地方——宣桥，和他曾经就读的初中——宣桥中学。从那时起到现在，他在这所学校工作了整整二十八年。

当初报到的那一天，校领导派给他一个任务，请他担任学校男子排球队教练，而没请体育老师担任。打排球，是宣桥的地方特色。

张文灿爱好打排球，对他如此了解，莫过于他的家乡。他的家乡在宣桥的乡村。乡村的孩子，比镇上的孩子读书早。张文灿六岁那年，就读村校张桥小学。

校长酷爱排球，亲自任教。宣桥地区有十几个

张文灿

村庄，多所村校。排球赛一场场比试后，这所村校一一胜出；与中心小学排球队交锋，照样如此。名声在外，乡音远播。

既而进初中，学子行，路迢迢。微风四起，旷野人静；小桥一架，细流成涓。

先在宣桥中学上初一，之后在三墩中学上初二、初三。转学后优秀生很多，张文灿学习用心，奋起直追。他与往常一样，上课专心听讲，思想高度集中。晚自习同样认真。他做好作业，就早早睡觉。

张文灿个子矮小，体育测试难以达标。乐老师教体育，善解人意。在他的帮助下，张文灿体育达标了。每遇良师，多有好感。下雨天在教室里上课，乐老师给同学讲拳王阿里的故事，张文灿听得津津有味。

初中毕业，张文灿考取南汇县重点——大团中学。他对打排球的爱好，一如既往。

大团中学离家远了，张文灿住校读书。开学初，学校宿舍紧张，班主任程映清知道此事后，很快解决了。程老师的爱人是校长，他们对同学关怀备至。

张文灿读高一时，身高不满一米五十。他排行为兄长，家境苦寒。开学不久，程老师让他填表格，申请补助。张文灿没有想到的，程老师想到了。这桩桩件件，又何止于此！

陈幼根老师教化学，他上课，同学一听就懂。或提问，或表扬；思路清晰，妙趣横生；寸阴是竞，锦绣其中。尤其是家长会上，他对张文灿父亲说："你的儿子，考本科是没有问题的。"父亲转述老师的美言，寄语成真。

那一年，大团中学学生高考特别好——南汇县内，首屈一指。

跨入大学校门，张文灿的身高不满一米六十。参加学校排球赛，张文灿屡屡得分。他弹跳那么高，你相信吗？

校长格言

宽严相宜，平衡发展。

王亚龙

中学时代为什么记忆犹新

王亚龙，下沙学校校长，五十多岁。言语中，他谈起下沙，对此一往情深。

小镇下沙，历史悠久，曾有《与鹤为邻》的故事，所以又名为“鹤沙”。从上海市区乘地铁东南而下，在罗山路可换十六号线，往南第二站是“鹤沙航城站”、第三站是“航头东站”。这两个站，离下沙学校都不算远。几十年前，这一带都属于南汇县。王亚龙的家乡，就在这里。

家乡有什么？有童年时游玩的记忆，有少年时求学的经历。两者相比，后者印象更深。尽管岁月匆匆，过去了很长的时间。

游在乡村。夏雨如注，风吹水袖垂垂低；秋霜如染，地覆轻纱寸寸高；春潮近岸，枝壮叶肥青碧争；

王亚龙

冬雪寒屋，檐矮墙漫冷暖聚。乡镇无奇，唯有亲切而已；四季无奇，唯有熟悉而已；村民无奇，唯有俭朴而已。

学在乡村。学子庄君弟，少年同窗；小学至初中，结伴求学；晨出晚归，异地而同行；志趣契合，隔村而守望；千金可买屋，万金难买邻；感情这般深厚，现在依然如此。

俞元彬老师，八十多岁了。他曾在下沙学校任教。王亚龙读书时，印象最深的，就是俞老师。能说他什么呢？爱心有加。

当时学生读书，午饭自备。每天早晨进学校，第一件事就是淘米。淘好米加适量的水，然后盖紧饭盒或再系上绳，把它放入蒸饭的笼屉里。事毕，这才匆匆走进教室，放好书包。书包是由土布制成的，样式与农家花袋相近。均为巧手缝制而成，所以珍惜着用。衣服非常俭朴，包括鞋子。

王亚龙一家六口：父亲母亲、三个姐姐，一家之中，数他最小。其家境之贫寒、生活之艰辛，可想而知。俞老师来家访，大家喜出望外，因父亲与俞老师早已相识，交谈自然亲切。这场景，王亚龙常谈常新。

俞老师，南汇县周浦镇人，周浦与下沙相距不远。他竟然住在学校，周末才回家。陶招娣老师是插队知青，培训后任教政治，工作耐心细致。平时，她以校为家，周末才回上海，一直如此。傅玉林老师，下沙当地人。他很早来校，很晚离开。学生数学遇到难题，他就循循善诱，慢慢开导；如鸟护雏，悉心尽职。王亚龙能考上南汇县重点——周浦中学，绝非偶然。

进了高中后，王亚龙喜遇肖公麟老师。肖老师教化学，要求同学自学，上课时提问。他讲课，语言生动、条理清楚，学生一听就懂、一学就会。潜移默化之中，王亚龙爱上了化学。考大学，他第一志愿是化学、第二志愿是化学、第三志愿还是化学。有志于此者，如愿以偿。

“我的学生时代，记忆犹新，而且常思常新。”王校长如是说。

校长格言

时时处处营造和谐，点点滴滴展示文明。

后　记

一

“五十岁能做什么?”黄昏散步,青绿扶疏;对景望远,确然自问。“写校长,写中学校长,写中学校长的少年时代。”想法既定后,立刻落实。得到了领导的肯定与支持,于是,我就在《当代学生》(读写版)杂志开设栏目,撰写冠名为《曾经少年时》的特稿文章;从二〇〇五年九月开始写,写到二〇一四年九月,十年中撰文九十篇。

二

为什么要写校长?因为一个好校长就是一所好学校,校长的言行举止是教师和学生的楷模。为什么要写中学校长?因为中学校长的任务就是衔接小学和大学,学生应该的发蒙和明确的立志,大多数在中学阶段完成。为什么要写中学校长的少年时代？因为写中学校长的少年时代，不但可以对学生的成长起到积极的引导和可资借鉴的作用，而且彼此之间还可以产生感情上的共鸣，交流和互动贯穿其中。没有决心，难以做事；没有恒心，难以成事。校长是适应环境和平衡内心的专家。回忆曾经少年时，是他们经过了十几年、几十年之后，对那段往事的过滤和筛选。他们当年求学以及克服困难的情况，是实在的、艰辛的，并非纸上谈兵、坐而论道。直面人生、上下求索，是他们少年时代的主旋律。曾经少年时，反映了当时当刻校长的审美观念和心中向往。由此可见，读者又何止是教师和学生。

三

校长不同于厂长、经理等干部。校长所面对的，是一个个生动而有灵性的个体——学生，而非工厂里生产流水线上不断复制的、千篇一律的而又毫无生命的机械零部件。当代的学生有个性、有共性，有思想、有疑虑，有追求、有迷惑。但看今日中外之大学、中学和小学，学校与学校之间的校训不尽相同。可以说，每所学校都根据自身的特点，提出了培养人才的目标。学校培养人才，从深处看，是培养具有屹立于世界民族之茂林的创造者；从广处看，是培养具有根植在本国社会之大地的劳动者。两者兼具，而不偏废。一个国家，其中无论从事哪项工作的人才，他们最初成长的摇篮，离不开学校，离不开教师，离不开校长。校长的责任可谓重矣，其劳动中包涵巨大的创造性的成分，是不言而喻的。

四

国之有宝，所贵其才；家之有宝，所贵其贤。学校联系千家万户，教育影响千秋万代。教育，见证了一个国家变化的缩影；教育，显示了一个国家发展的实在；教育，绘就了一个国家创造的蓝图。教育的发展，日新月异；人们对教育的渴望，与日俱增。反映这个领域里的作品，相对于快速变化的时代来说，实在不是很多。根据自身具体的情况和工作的特点，写一写教育领域中基层的领导——校长的曾经少年时，这样的事情，是可以尝试并应该做一做的。

五

《曾经少年时》专栏文章，每篇一千字。尽管素材丰富，但篇幅已经限定，而且还有必须要交待的信息，这就使构思具有很大的局限性。问题如何解决？概括内容，提炼主题；布局篇章，斟酌段落；推敲语句，精简文字。熟能生巧，巧能出奇；奇能孕变，变能传神。高山流水，以求知音；厚土涌泉，以求知己。立意的新颖靠的是思想的提炼，而思想的提炼靠的是人物的描写；人物的描写靠的是细节的生动，而细节的生动靠的是材料的丰富。其中，记事是本源，语言的简洁至关重要。

六

他山之石，可以攻玉。如何避免重复和雷同，并克服故事的虚滑呢？午休时到公园旁观下象棋。放眼一看，弈者甚多而神态各异，其喜乐忧愁，无不毕肖。人生如子个个活，世事如棋局局新。观者不语。大凡看家，太能者无味，不能者无趣；然介于能与不能之中者，趣味盎然。看棋看什么，看输赢吗？否！高手对弈，功夫了得，排兵布阵，变化万端。或奇兵突起，或守卒不动；或缓和颓势，或平夷险情。尤其是一些很难下，却又不得不下的应着，能观赏一步妙着，局面顿时改观，全盘为之一新。这时的看棋，并非只是一饱眼福，已经是渐入佳境了。如何缓、如何急，如何徐、如何趋，心中便有了喜悦的感觉。写作《曾经少年时》，又何尝不是如此，应该有化境的追求。对弈中处理关键一步棋的方法，是具有参考的价值的。假如没有这样的收获，岂不是光阴虚掷了吗！

七

须知学问深，贵在点滴勤。习于文、游于艺、践于行，莫不如此。且看这些校长，年龄相差五十岁；至于他们的求学生涯，有的人上小学开始于二十世纪四十年代，有的人上大学结束于二十世纪九十年代。求学一甲子。教育的循序渐进、世事的沧桑巨变、社会的万象更新，由此可见一斑。当初，与校长的“一面”之缘，无论交流多么契合、言谈多么恳切、述说多么畅达，文章写好后，一律送给校长复核，这是必须的。不这样做，作者不会满意；不这样做，校长不会满意。两者都通过了，校长这才提供照片。如此这般，写出来的文章才可能拥有更多的读者。

八

“为他人作嫁衣裳。”后人用这句唐诗比喻编辑工作。其实，编辑工作岂止这些！时间之犁一次次翻新了我们脚下的土壤，岁月之河一次次浇灌了我们周围的树木。曾经当过编辑，是有体会的；现在当了作者，体会更深一层。保持了文章的原样，斟酌了个别的语段，框定了妥帖的版式。感谢上海远东出版社领导的大力支持、罗伟国编审的热情举荐、黄政一先生的全面统筹、徐婧华女士的精心编辑，感谢使《曾经少年时》这个专栏发端并发展的团队,也感谢校长们所提供的鲜活素材。值此本书出版之际,谨向你们表示深深的敬意!

郑伟平

二〇一七年谷雨后